飲 食 店 の た め の

ド リ ン ク の 教 科 書

飲料研究ユニット「香飲家」

片倉康博・田中美奈子・藤岡響　著

お酒を「飲む人」
「飲まない人」がともに楽しめる
ボーダレスなメニューづくりの
理論とレシピ

美味しいお酒とノンアルドリンクで
「すべての人が楽しめるお店」
を目指す

どんな人でも楽しめるドリンク

本書のテーマは「お酒とノンアルコールドリンクの境目をなくす」です。現在の飲食店の環境は、食事をしているときのドリンクとして食べ物に合ったお酒は楽しめても、ノンアルコールは甘めの強いものが多くみられ、必ずしも食事に合うとは限らないことがあります。ノンアルコールを楽しみたい方にとって、選べるほどドリンクの種類がない現状に、「お酒のように楽しめない」と感じることが多いのではないでしょうか。飲食店ではアルコール、ノンアルコールという境目を無くし、すべてのお客様が楽しめる飲食提供が必須と考えています。

お酒を"飲まない"選択

日本のレストランや居酒屋業界では、あくまでも"お酒を飲める人を中心とする考え方"が浸透しています。しかし、昨今はアルコール離れや、あえてアルコールを飲まない方も増えています。海外でも飲まないことを選ぶ人が増加傾向にあります。こうしてお酒を飲まない人が多くなってきた影響で、飲食店でもアルコールドリンクを平日は提供せず、週末のみ提供するというスタイルのお店が増えています。海外では、深夜帯にアルコールドリンクの提供や販売ができないこともあります。

お酒を飲まない利点

アルコールを飲まないことで、良いこともあります。例えば睡眠の質があがり、翌朝も心身がスッキリして良い目覚めにつながります。さらにシラフの状態であれば、活動できる時間や行動の幅が広がり時間を有効活用できます。逆にお酒を飲むことで、酔いが深まり行動に制限がかかってしまいます。また、お酒を飲まないということは、お酒にかけていた費用も削減され節約にもなります。そのような考え方のライフスタイルを意識した、ソバーキュリアス『Sober（シラフ）とCurious（好奇心が強い）』という考えが浸透しています。これは決して"アルコールが悪い"という考え方ではありません。すべての人が楽しめる環境作りが重要である、という考えです。

大人への憧れと味覚の成長

ソバーキュリアスの浸透のほか、そもそも若者がお酒に触れるきっかけが消えつつあることもあげられます。シリーズ2冊目の著書『飲食店のためのドリンクの教科書　カスタマイズ・バイブル』でも触れましたが、日本の若い世代がお酒を飲まない理由のひとつに、大人に憧れなくなって飲みたいと思わなくなったというのがあります。昔は憧れから、若いときに大人がたしなむブラックコーヒーやタバコ、ビール、ウィスキーのロックなど、甘味のない大人の嗜好品をマネすることが多くありました。こうしたチャレンジをくり返す

オリジナルのノンアルドリンク
「シミラードリンク」のレシピについて

本書の Part2 〜 4 ではカクテルレシピと対になる形で、お酒が持つ香りや味わいに限りなく寄せて作ったノンアルコールドリンクのレシピを紹介しています。このノンアルコールドリンクを、本書では便宜上「シミラードリンク (similar drink)」と呼んでいます。香りを研究し追求してきた飲料研究ユニット「香飲家」の 3 名による、カクテルに負けない香りと味わいを持つドリンクです。対のカクテルと合わせて、お客様への美味しく楽しい時間の提供にぜひご活用ください。

うちに、味覚が大人になっていったものです。しかし、大人への憧れがないとこれらのマネをすることはなく、味覚の成長するきっかけもありません。また、家でも学校でも好き嫌いなく食べることを教育されてきた世代は、早い段階で味覚が成長します。しかし、現代では嫌いなものを食べなくて良いと育てられることが多く、味覚が成長しない一因となっています。そのためアルコールの味わいが苦手な若者ほど、その味に触れるきっかけがなくなっているのです。

　今後は益々アルコール需要が減り、今までアルコールドリンクをメインに扱っていた飲食店、ひいては飲食業界が、このまま同じようなメニュー構成を提供しつづけていると、お客様に選ばれなくなってしまう可能性が出てきます。そんな社会的な背景を考えたとき、アルコールメニューと同じ香りや味わいを楽しめるノンアルコールドリンクを用意することで、すべてのお客様が楽しめる空間が生まれると考えています。

誰でも楽しめる飲み物

　ノンアルコールカクテルであるモクテルは、似せた・マネたという意味の「mock（モック）」と「cocktail（カクテル）」を組み合わせた造語の名称であり、お酒中心の考え方に感じられます。私たちはすべてのドリンクを香飲（Scented beverage）と呼び、アルコールをまったく飲まない人や、お酒は 1 杯目のみで、あとはノンアルコールを飲む人など、いろいろな人が楽しめる飲み方

を提案しています。飲めない人のいないノンアルコールドリンクは、100％のシェアのドリンクといえるのです。

　これからのお店は、無理せずにアルコールとノンアルコールを好きに楽しめる環境作りが大切だと考えています。目指すべき環境とは、アルコールを「飲む人」、「あえて飲まない人」、「飲めない人」すべてが一緒に食事を楽しめる状態です。

　著書『飲食店のためのドリンクの教科書』の1冊目・2冊目ではソフトドリンクに特化して、ドリンクのあり方を提案していましたが、3冊目となる本書ではお酒とノンアルコールドリンクの垣根なく、誰でも飲み物を楽しめる理論とレシピを紹介します。私たちは料理のように、さまざまな食材を使った幅広いドリンクを考案してきました。本書では、お酒の持つ多様な香りや味わいを再現するために、まさに幅広い食材を駆使していきます。ぜひ参考にしていただき、ドリンクの可能性を広げてください。

Part 1

お酒の味わいと香りを
ソフトドリンクでも

Part 2

スタンダードなお酒を使った
カクテル＆シミラードリンク

Part 3

ビールを使ったカクテル
＆シミラードリンク

Part **4**

ワインを使ったカクテル ＆シミラードリンク

Part **5**

スタンダードな ノンアルコールドリンクを アルコールで

本書の見方

同じ香りや味わいを楽しめるアルコールドリンクと、
ノンアルコールドリンク（シミラードリンク）を
見開きごと、もしくは1ページごとに対にして紹介しています。

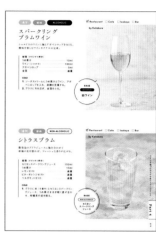

(A) レシピ考案者のクレジットです。

(B) 提供するのにおすすめのお店の形態です。

(C) 提供するのにおすすめの
タイミング（シーン）です。

(D) アルコールを使用したドリンクか、
ノンアルコールのドリンクかを示しています。

(E) ドリンクの名称です。

(F) ドリンクのコンセプトや
特徴を解説しています。

(G) ベースとなるお酒または、使用する
「ノンアルベース」を示しています。

(H) ドリンク1杯を作るにあたり
必要な材料を示しています。
※本書のレシピでは計量器に合わせ、
単位の「g」と「ml」が混在しています。
レシピの表記通りに作成してください。

(I) 別途下ごしらえしておく
素材がある場合には、
その材料と作り方を示しています。

(J) 冷たいドリンクか、温かいドリンクか
を示しています。

(K) ドリンクの作り方を示しています。

お酒の味わいと香りを
ソフトドリンクでも

Alcoholic

Non
Alcoholic

ドリンクを提供する際に知っておきたい理論から
レシピ提案に欠かせない、香りや味の捉え方を学びましょう。
主要な道具や材料も紹介します。

TPOに合わせて最適なドリンクを考える

ドリンクは料理やスイーツの補佐として、会話をはずませ食事のひとときを演出します。
TPOを理解することで、より良いドリンクの提案ができるようになります。

合わせるフードで選ぶドリンク

ドリンクは料理やスイーツよりも、TPOに密接に絡んでいます。

美味しいドリンクとはメインの料理やスイーツを引き立てるだけでなく、その場の空間や時間、会話、音楽などをさらに心地良く感じさせる効果があります。さらに、提供するタイミング（シーン）を考慮したレシピに変化させれば、より最適なドリンクに変わるのです。

飲み物そのものを美味しくする以上に、シチュエーションに合わせることがより重要となります。たとえば、レストランや居酒屋で食事に合わせるときは、料理の香りをより活かせるようなドリンクをセレクトするのが理想的です。

料理やスイーツと、同じような香りのドリンクを合わせることで、香りがより感じやすくなり、一体感が生まれます。逆に、料理やスイーツにはない香りを、ドリンクの香りで加えると、それぞれが合わさったときに香りに変化を楽しむことができます。

嗅覚が香りを感じるより先に、ほかの感覚が「熱い」や「冷たい」、「甘い」、「苦い」、「酸っぱい」、「しょっぱい」などを感じると、香り自体を感じにくくなります。以上の特徴を踏まえて、感じる味覚のバランスをとる意識をしてみましょう。そうすることで、飲むときに香りを感じやすくし、より豊かな感覚をもたらすことができます。液量や温度、濃度などを合わせて調整することで、さらに一体感が強まり、満足度が上がります。

飲むタイミングで選ぶドリンク

飲むタイミングはとても重要で、人それぞれ経験の中で自然に判断しています。重要だからこそ、提供されるタイミングが合わないドリンクは、購入されなくなっていきます。提供する場所やシーンを考えて、適したメニュー提案をしましょう。

そのほか、ドリンクの温度や液量、濃度、香りをタイミングに合わせれば、より美味しいと感じやすくなり、違和感を感じずに飲んでもらうことができます。

さまざまな飲む人のシチュエーションや都合を考えることで、どのようなドリンクが最適かが見えてきます。

シーン別で選ぶドリンク

温度

飲むときの気温・室温で求められるものは変わります。たとえば、外がとても寒い日でも、室内の温度が暖かい環境であれば、冬でも冷たいドリンクが売れます。

液量

長丁場の作業中や喉を潤したい状況では、どんなに美味しいドリンクでも量が少ないと物足りなく、ストレスを感じてしまいます。適度なボリュームを心がけましょう。

濃度や味わい

全体の量を少なくする場合、味は濃い方が満足感を得られます。逆に、濃い味のドリンクは総量が多いと、飲んでいる最中に飽きてきてしまいます。視覚的には量が少ない＝濃い、量が多い＝薄いと意識することも重要です。

香り

音楽を聴きながら飲む場合は、香りが良く、ゆっくり飲む時間も楽しめるドリンクが好まれます。どのような香りがシーンにマッチするか考えましょう。

たとえば

シチリアンローズ（P.048）

ブラッディオレンジ（P.049）

飲むシーンを夜のバーと想定し、食事と合わせず、単体で飲むイメージで作っています。液量は少量で、酸味や甘味を強めて素材感や味わいを強く感じるように仕上げています。

お酒の味わいと香りをソフトドリンクでも

Part 1

② アルコールドリンクを ノンアルコールのドリンクに

ノンアルコールドリンクにアルコールを足すのは、比較的簡単です。
反対にノンアルコールドリンクをアルコールに近づけるのは、
考え方を理解していないと美味しく仕上がりません。

美味しいシミラードリンクの作り方

ノンアルコールビールやノンアルコールワインは、お酒が飲める人が飲酒できない何らかの状況で楽しむドリンクです。お酒が飲めない人が飲んでも、あまり美味しいと感じるドリンクではありません。

ノンアルドリンクをお酒と同じように美味しく仕上げるには、"お酒からアルコールを抜く"という考え方ではなく、"新しいドリンクを作る"という考え方で、お酒と同じ要素の香りをとり入れて近づけてあげることが重要です。

味わう流れを知る

注意したいのは、香りだけ似せたノンアルドリンクを作っても、アルコール特有の重厚感がないために飲みにくくなってしまうことです。ノンアルコールでもしっかり香りを捉え美味しいと感じるためには、ほかの感覚でバランスをとることも必要です。

だからといって、単純に味を強くすれば良いというわけではありません。味覚は嗅覚よりも感じやすいので、味覚が敏感になると嗅覚は鈍ります。たとえばコーヒーを飲んで苦味を感じたとき、香りは苦味ほど感じることができません。痛覚はさらに感じやすく、順番としては痛覚から始まり次に味覚、最後に嗅覚を感じます。これは人間の危機管理からくるもので、危ない順に反応しやすくなっているのです。

こうした仕組みを考慮して程良い痛覚・味覚でバランスをとることで、嗅覚を際立たせることができ、美味しく感じるドリンクを作ることができます。

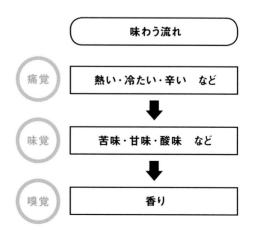

香りと味覚のバランスを学ぶ

お酒が持つスパイスやハーブの香りを活かしたいのであれば、味覚の五味（甘、塩、酸、苦、旨）のバランスをとることで、口に含んだときに香りが優先的に広がり、味わい深い印象を与えます。たとえば甘いカルバドスの香りに程良いレモンの酸味や苦味を合わせると、口の中に芳醇な香りが広がります（P.054-055「ムーンライト・クーラー」、「アップルレモンクーラー」）。

また、同じようなイメージ（香り）のドリンクを仕上げるにも、メインとなる材料や作る手順が違えば仕上がりも変わります。試作する際に微調整し、バランスを整えていくことで完成度が上がります。

反対にノンアルドリンクで使用している食材と相性の良い香りのお酒を合わせたカクテルを作ってみたり（本書のPart5でそうした例を紹介します）、同じ産地や同じような気候で収穫できる食材を使ってみると、開発のヒントにつながります。理論を理解しないと難しくも感じますが、慣れてくると頭の中で開発することができるようになるはずです。

ボディーの調整

お酒は揮発しやすいため、香りを口の中で感じやすくなります。また、飲んだときのボディーも強いので、ノンアルドリンクを開発する際には香りと合わせてボディーを何で補うのかも考えていくと良いでしょう。

たとえば、レモンサワーから単純に焼酎を抜いても美味しくはありませんが、レモネードにアルコールを足すとお酒として美味しく飲むことができます。レモンサワーで使用する甲類の焼酎は、香りは弱いもののレモンの香りを引き立て、そこに炭酸を加えることで飲み物としてバランス良く仕上がっているのです。一方でレモネードには一定の糖分が含まれていることで重厚感が出て、ノンアルコールのままでも美味しく飲むことができます。

これをふまえると、特定のお酒を元に同じ香り・味わいのノンアルドリンクを作る際には、

・お酒の香りを見極め、同じ香りをとり入れる。
・アルコールの代わりに糖分を足すことで重厚感を再現でき、ボディーが整う。

ということになります。
反対にノンアルコールのソフトドリンクにアルコールを足してカクテルを作る際は、香りを引き立ててくれるお酒を選んで追加することで、バランスがとれた美味しいカクテルになります。

③ 使用する基本の道具

ドリンク作りに便利な機械や道具があります。
使い方を知ることで新しいアイデアが生まれ、ドリンクの幅が一気に広がります。
アイテムを上手く活用して、ドリンクを作りましょう。

果実感を出すのに欠かせないアイテム

ドリンクを作る上で設備や機械はとても重要で、その中でもブレンダーは必須です。

今までは、ドリンクはシロップでフルーツの香りを出すことがほとんどでした。仕込みもなく、マニュアルも簡単なことから、味が安定したドリンクが提供しやすく、原価も安く仕上がります。

しかし台湾系のタピオカドリンクや、フルーツティーのドリンクショップが流行してからは、ナチュラル思考に変わっていきました。さらに日本の若い世代が、台湾へ気軽に旅行できるようになったことで、フルーツを多く使ったナチュラルな美味しさを知る機会ができました。その流れで、人工的な香料のシロップを使用したドリンクを飲まない傾向になってきています。SNSでブームを作る若い世代が好むドリンクも、フルーツをたくさん使用した果実感のあるものが支持される傾向に移行しています。

日本は台湾の様にフレッシュフルーツが安価で手に入りづらく、ロスしやすくなるデメリットがあります。しかし冷凍フルーツやピューレを使用して、ブレンダーで混ぜ合わせることで、ナチュラルで香りの良いドリンクを仕上げることができます。冷凍フルーツなどは、スムージーやフローズンなどが主流でしたが、現在ではさまざまなドリンクで使用します。

ミキサーで冷凍フルーツを撹拌すると、粉砕する前に液体が温まってしまうので、パワーのあるタイプでないと、モーターに負担がかかります。使用頻度を考えれば、業務用のブレンダーは必須といえるでしょう。またブレンダーを何台か用意するより、液体を入れるコンテナを数個用意する方が、オペレーションがスムーズです。

薄めずに炭酸を含ませる

コロナ禍以降、家飲みが当たり前になりつつあります。その中でもダイエットという観点から、ビールよりハイボールを飲む人が多くなり、炭酸飲料メーカーを購入する人も増えました。ドリン

ク業界は、割り材で炭酸を使用することが多く、割る液量が多いと味わいも薄く、炭酸も弱くなってしまいます。しかし炭酸飲料メーカーで、ドリンク自体にガスを充填すると、薄まらずに作るこ

とが可能です。

　海外では業務用の炭酸飲料メーカーが、カフェで利用されています。1杯ごとにガスを充填しての提供が人気で、専門店を全世界に広げようとしています。日本も今後、導入されていくものと考えています。

　設備や機械を理解すると、料理のようにドリンクも無限のメニュー開発が可能になります。

ブレンダー

フルーツなどの果肉を丸ごとジュースにできる。ベースとなるものと合わせれば、フルーティーなドリンクが作れる。

氷など硬めの固形を入れた際は、最初は低速で粉砕する。徐々に早くし、長めに撹拌するとなめらかなドリンクが完成。

炭酸飲料メーカー

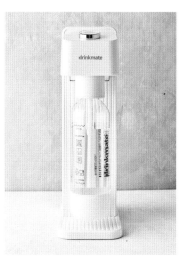

水やジュースなどの液体に直接炭酸ガスを充填して、味わいを薄めずに炭酸飲料を作ることができる。

炭酸ガスの充填量も調整可能。ボタンひとつで充填できる。ガスを少し抜かないとフタを外せないので注意が必要。

④ 香りを食材に移す

香りは五感の中でも記憶に残りやすく、ドリンク作りでも重要です。
香りの余韻を残すことで、満足度の高いドリンクに仕上がります。

香りを染み込ませる

真空調理器は食材から空気を抜くことで、別の香りを移しやすくする効果があります。料理の世界では、真空調理器は当たり前に使用されていますが、ドリンク作りにも活用することでメニューの幅が広がります。

漬け込む方法は時間がかかるだけでなく、香りが飛びやすく食材に移りにくいですが、乾燥した食材に香りのある液体を一緒に袋に入れて真空にすると、乾燥した食材に香りが移り、新しい食材に変化します。仕込みで作ったソースやシロップも、真空にすると中の空気が抜けて色も味も濃くなります。

ドリンクを作る上でフルーツからソースを作ったり、さまざまな食材でシロップやソースを作る際に、こまめに作ると手間がかかります。まとめて仕込みをして、真空状態にしてから冷凍しておくと、手間がかかりません。また1日に使う量を逆算して解凍しておけば、ロスも軽減できます。

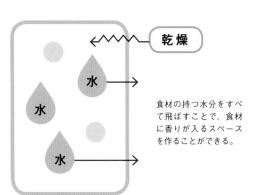

食材の持つ水分をすべて飛ばすことで、食材に香りが入るスペースを作ることができる。

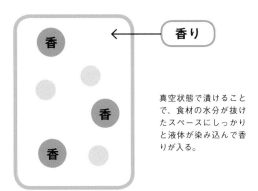

真空状態で漬けることで、食材の水分が抜けたスペースにしっかりと液体が染み込んで香りが入る。

フードドライヤー

さまざまな食材の持つ水分を蒸発させるアイテム。日持ちし、味も凝縮します。フルーツも、熟したタイミングで乾燥させるとロスも防げます。

フードドライヤーにかけて、低温で時間をかけて乾燥させる。

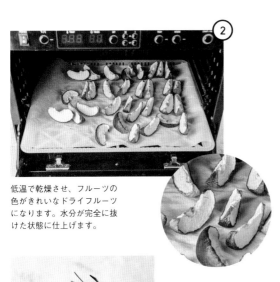

低温で乾燥させ、フルーツの色がきれいなドライフルーツになります。水分が完全に抜けた状態に仕上げます。

真空調理器

真空状態で密封することで、日持ちさせたり食材に香りを移しやすくする効果があります。

乾燥させたリンゴとカルバドスを、ビニール袋に入れて真空調理機にセットします。

リンゴから空気が抜けて真空状態になれば、カルバドス（液体）がリンゴの中に浸透していきます。

密封のまま半日以上置くと、カルバドスの香りが移ったドライフルーツの完成。

お酒の味わいと香りをソフトドリンクでも

Part 1

⑤ 香りをプラスするアイテム

香りをつけ足したり、風味を加えるときは、
欲しい要素をしっかりと認識して、必要な材料を選びましょう。

フローラル
- ジャスミン
- バラ
- カモミール
- エルダーフラワー
- 金木犀
- 桜
- 菊茶
- 紅花
- 桂花
- 梅

ハーバル（グリーン）
- ローズマリー
- ディル
- バジル
- セージ
- タイム
- ミント
- 大葉
- ミョウガ
- パクチー
- よもぎ
- ローレル
- ライムリーフ
- ホップ

香ばしい
- ナッツ
- ナッツオイル
- ナッツペースト
- 小豆
- 胡麻
- きなこ
- 栗
- カカオハスク
- 麦茶
- コーヒー
- ほうじ茶

スモーキー
- 京番茶
- 炒り番茶
- ラプサンスーチョン
- 岩茶
- シナモン
- クローブ
- ナツメグ
- 八角
- バニラ
- スモークパプリカ

スパイシー
- 胡椒
- クミン
- シナモン
- 生姜
- ペッパー
- 山椒
- サフラン
- 月桃
- レモングラス（タイ）
- ジュニパーベリー
- カカオニブ

スイート
- ホーリーバジル
- フェンネル
- バニラ
- コリアンダーシード
- シナモン
- スターアニス
- カルダモン
- フェネグリーク
- オールスパイス
- 杏仁霜

ウッディ
- ジュニパーベリー
- オリス・ルート
- アンジェリカ・ルート
- リコリス
- ウッドチップ
- シナモン
- キャラウェイ
- メープルシロップ

フルーティー
- ドライフルーツ
- エルダーフラワー
- 柑橘ピール
- レモンバーム
- ローズヒップ
- 山椒
- 胡椒
- フルーツピューレ

トロピカル
- パッションフルーツ
- パイナップル
- バナナ
- マンゴー
- ココナッツ
- バニラ
- ハイビスカス

スパイス

ジェニパーベリー
ウッディーで、苦味と甘味のある香り。熟した果実を乾燥させたものを、スパイスとして利用する。

コリアンダーシード
甘く爽やかで、ほのかにスパイシーな香りを楽しめるスパイス。

カルダモン
甘くエキゾチックで、すーっと爽やかな強い香りを持つ。「香りの王様」や「スパイスの女王」と呼ばれることもある。

クローブ
甘く濃厚な香りと、しびれるような刺激的な風味があるスパイス。

キャラウェイ
スッとした爽やかさと、ほんのり甘い香りが特徴的。ドイツとオーストリアの料理に、比較的多く使われる。

スターアニス（八角）
独特の強くて甘い香りを持っている。星型をしたスパイス。

シナモンカシア
甘くエキゾチックで、濃厚な香りをたのしめるのが特徴のスパイス。

カカオニブ
カカオ豆をローストし、細かく砕いて外皮を取り除いたもの。甘味がなく苦味と酸味が強い。

ブラックペッパー
熟す前の胡椒の果実を摘みとり、天日乾燥させたスパイス。爽やかな強い香りと、ピリッとする辛味が特徴。

ブドウ山椒
ブドウの房のようになる山椒。爽やかな柑橘の様な香りと、穏やかな辛味、しびれる刺激が特徴。

タヒンチリシーズニング
100％天然で高品質な3種類のチリに、乾燥ライムジュースと塩を独自の配合でブレンドしたシーズニングスパイス。

フレーバーオイル

ココナッツオイル
ココナッツの、種子内部の胚乳から抽出精製される、ヤシ油。

バニラエキストラクト40
マダガスカル産バニラビーンズからエキスを抽出した、合成品ではないやさしい天然のバニラ香料。

山葵オイル
わさび本来の香りと辛味を、米油に閉じ込めた、わさびのオイル。

ピューレ＆ペースト＆果汁

あまおうピューレ
福岡県産あまおう苺を、贅沢に使用して無糖ピューレに。

フランボワーズピューレ
ウィラメット種フランボワーズを使用した、冷凍ピューレ。

カシスピューレ
カシスを丸ごとすり潰して作った、冷凍ピューレ。

白桃ピューレ
国産白桃を使った、冷凍ピューレ。きれいな色合いを加えられる。

紅玉ピューレ
東北地域産リンゴ（紅玉）を使用して作った、冷凍ピューレ。

レモンピューレ
瀬戸内産レモンの、冷凍ストレート果汁。

柚子ピューレ
柚子の果皮入り、冷凍ピューレ。爽やかな香りを楽しめる。

ブラッドオレンジピューレ
愛媛県産ブラッドオレンジを、贅沢に使って無糖ピューレに仕上げる。

夏ミカンピューレ
国産夏ミカンを使用した、冷凍ピューレ。良い発色と、スッキリとした香りが特徴。

マンゴーピューレ
マンゴーだけで作られた、常温のピューレ。

カベルネソーヴィニョンピューレ
山形産カルベネソーヴィニョンを、贅沢に無糖ピューレに仕上げている。

梅ピューレ
梅とスモモを掛け合わせた新品種「露茜」を搾汁し、そのまま冷凍保管したピューレ。露茜の色調を保持した商品。

ローズペースト
国産ローテローゼのエキスと、花弁が入ったバラの濃縮ペースト。少量の添加で、風味と色を付与することができる。

焼きイモペースト
紅あずまを原料にした、イモの濃縮ペースト。少しの量でも風味や色合いをつけられる。

梅果汁
和歌山県産「南高梅」を使用した、100％果汁。南高梅独特の香りが、充分に引き出されている。

ドリンク

KOJI CLEAR
糀と米、水で作られた発酵飲料。フルーツのような酸味と、上品な甘さで爽やかな飲み心地。

KOJI DRINK A
スッキリとしたのど越しながら、上品な甘味とコクのある美味しさの米麹甘酒。なめらかな口当たりに、粒感もさらりとしている。

ローズウォーター
バラの花を蒸留加工した、華やかな香りが楽しめる蒸留水。

メルロージュース
カシスとチェリー、プラムやスパイシーなアロマが漂う。甘さの奥に、酸味や旨味と深みがある。

カベルネジュース
すぐりや野イチゴ、繊細なバラの花のアロマ、しっかりとした酸味と甘味があるブドウジュース。

セミヨンスパークリングジュース
ルバーブとカリン、はちみつ、洋ナシのような豊潤なアロマと、スッキリとした酸味がある。上品でシャンパンのような繊細な泡。

コーヒー・お茶・花茶

コーヒー豆
コーヒーの木から採集される果実の種子。産地や焙煎具合で香りや味わいも変わる。挽き目は、抽出方法に合わせて調整する。

抹茶
覆い下で栽培された碾茶を、茶臼で挽いて微粉状に製造したもの。品質の良いものは、渋さが強く残ることがなくまろやか。

玉露
日本茶の一種。遮光された環境で育てられた、独特の覆い香とまろやかな旨味が特徴。

煎茶
茶葉を揉みながら、乾燥させていく製法の緑茶。産地や品種による特徴も、素材選びの楽しみのひとつ。

ほうじ茶
一番茶のみを使用した、ほうじ茶。ロースト感と、深いコクを楽しめる。

京番茶
茎ごと刈り取った大ぶりの茶葉を、揉まずに乾燥させて炒った、スモーキーな香りが特徴。京都の日常茶。

麦茶
大麦の種子を殻ごと焙煎した、香ばしい香りのお茶。原料が穀物なので、ノンカフェイン。

小豆茶
焙煎した小豆を煎じて、作ったお茶。優しい香りの飲み物になる。

とうもろこし茶
とうもろこしを原料とした、茶外茶。ノンカフェイン飲料であり、ほのかに甘い香りが特徴的。

アールグレイ
柑橘のベルガモットで着香した、紅茶。フレーバーティーの一種。

ルイボスティー
ほのかな甘味を感じる、爽やかな味わい。紅茶によく似た、赤褐色をしている。

エルダーフラワー
マスカットの様な、フルーティーで爽やかな香りと、ほのかな甘さのハーブ。

桂花
金木犀の中国名。甘く強い、花の芳香が特徴。きれいな黄金色を生かして、スイーツや桂花茶、桂花酒の材料になる。

ハーブ

大葉
青しそ。和ハーブの代表格で、清涼感のある爽やかな香りが楽しめる。

ローズマリー
スッキリとした、強い香りが特徴のハーブ。クセの強い食材の臭み消しにも使える。

ディル
甘みのある、さっぱりとした香りのハーブ。

芽ネギ
発芽して間もない、若くて細い青ネギ。さわやかな香りが特徴。

レモングラス
柑橘系や、生姜の爽やかな香りが特徴。

タイム
独特の、清々しい芳香をもつハーブ。ほろ苦さや辛味も味わえる。

スペアミント
スッとした、穏やかな清涼感が特徴のハーブ。爽やかさの中に、甘さと苦味がある。

ペパーミント
ハーブの一種であり、スーッとする強い清涼感を持つ。独特のメントール臭がする。

ローレル
月桂樹の葉を乾燥させた香辛料。清涼感のある香りが特徴。臭み消しに、煮込みやマリネに使われる。乳製品とも相性が良い。

リコリス
甘草の仲間。ほのかな森の香りのような、独特な風味と砂糖の数十倍の甘味を持つ。

ホップ
ビールの主要な原料。苦味と香り、泡の安定化や保存性を高める働きがある。

カフェライムリーフ
2枚の葉が連なったような、独特の葉の形のハーブ。柑橘系の強い芳香を持っている。

桜塩漬け
色が濃く、香りの強い八重桜を塩漬けにしたものは、1年中桜の香りと美しい色を楽しむことができる。塩抜きして、使用する。

桜葉ミンチ
独特の芳香は、塩蔵されることによって生成される"クマリン"という成分。細かいミンチ状はドリンクにも使いやすい。

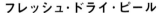
フレッシュ・ドライ・ピール

キンカン
皮ごと食べられる柑橘。小粒で甘酸っぱく、甘露煮等に使用する。

キーライム
メキシコをはじめ、中南米諸国で広く使用されている「キーライム」。通常のライムより小振りで皮が薄く、果汁がたっぷりと絞れる。

はっさく
広島の因島で発生した甘味と酸味、苦味のバランスが良い柑橘。

ショウガ
キリッとした爽快な香りと辛味。スライスや汁、パウダーなどドリンクに合わせて使用する。

ドライレモン
レモンを輪切りにして、乾燥させたもの。ドライにすることで、皮も食べやすくなる。

ドライオレンジ
オレンジをスライスして、乾燥させたもの。果肉の味わいが凝縮していて、酸味と甘味のバランスが良い。

ドライアンズ
乾燥させることで色が濃く、凝縮した味わいに。程良い水分で、柔らかな食感。

ドライクランベリー
ドライにすると、酸味がマイルドに。お菓子のほかにも、赤い色味がドリンクを華やかにする。

ドライレーズン
さまざまなブドウの品種で作られている。栄養価も高く、お菓子やトッピングにも使いやすい。

フリーズドライ梅
凍結させた食品を真空状態に置き、水分を昇華させる。食品の味や香りが良く、軽い食感。

レモンピール
レモンのかすかな香りと、苦味、さっぱりした味わいで、ドリンクのアクセントになる。

オレンジピール
砂糖を加えていないピールは、ハーブティーのブレンドにも使われる。クセがなく、甘く爽やかな香り。

そのほか

青森ヒバ
香木ともいわれる、香りの強い木を削ったもの。ヒノキチオールという、香りの成分を多く含む。

ウィスキーオーク
洋酒樽から生まれた燻煙材。ほのかに漂う、モルトの香りが魅力的。

杏仁霜
杏仁という、アンズの種子にある仁を粉末状にしたもの。特有の香味がある。

米麹
お酒やみそ、醤油等の醸造に用いられる、蒸したお米に麹菌を繁殖、発酵させたもの。

トンカマメ
クマルという、マメ科の樹木になる黒い種子。香りの成分、クマリンを含んでいる。

チョコレート
一般的なミルクチョコレートでも良いが、カカオ豆にこだわった単一品種のものだと個性が表現しやすい。

金粉
味や食感、香りがないためドリンクの味わいに影響なく、見た目を華やかに彩ることができる。

カソナード
はちみつやバニラのような独特の香りと、味わいに深い甘さが特徴。フランス産サトウキビ100%の砂糖。

メープルシロップ
サトウカエデの樹液を煮詰めて作る、天然の甘味料。独特の風味がありゴールデン、アンバー、ダーク、ベリーダークの4種類に分類される。

イモ蜜
熟成させた、糖度の高い品種のサツマイモを煮詰めて絞った蜜。コクがあり、ナチュラルな甘さ。

モルトシロップ
麦芽を煮出して抽出した、麦芽糖の濃縮液。水あめのような、粘りのある液状。パン作りにも使われる。

リーペリンソース
野菜や果物、タマリンド、アンチョビ、数種類のスパイスが入った、スパイシーなソース。素材の旨みを引き出す。

グラスフェッドバター
牧草だけをエサとして飼育された牛の、ミルクだけで作られているバター。

サフラン
エキゾチックな芳香と、水溶性の黄色い色素成分をもっている調味料。

スタンダードな
お酒を使った
カクテル＆シミラードリンク

Alcoholic

Non
Alcoholic

主要なお酒を使ったカクテルと
そのカクテルに香りや味わいを寄せた
シミラードリンクを提案します。
メジャーなリキュールのベースを覚えましょう。

⑥ ジンについて

蒸留酒の一種で、ストレート以外にカクテルメニューでも使いやすいお酒です。
複雑でボタニカルな香りを楽しむことができます。

ジンとは

　大麦やライ麦、ジャガイモなどの原料を蒸留して作るジン。ジュニパーベリーを含むハーブを、薬として飲んでいたのがはじまりです。ジュニパーベリーのジン特有の香りを砕いて、数種類のハーブとスパイスを使って作るのが特徴。カクテルの王道マティーニも、ジンがベースのカクテルです。蒸留器で原料からスピリッツを作り、ハーブなどを加えて蒸留したものが、ドライジンと呼ばれています。ジンはイギリスのロンドンが主な産地ですが、ドライジンは昔の味わいに近いジンを作るオランダ製のものや、生のジュニパーベリーを発酵させて使用するドイツの特徴的なジンです。そのほか、カクテルのトムコリンズに使う、砂糖を加えたオールドトムジンなどがあります。

　昨今のジンブームにより、クラフトジンという小規模な蒸留所で造られる、個性の強い味わいのジンが増えています。複数のボタニカルをふんだんに使用した銘柄が多いため、複雑な香りを楽しめます。日本のジンはハーブに山椒を加えたり、日本産の柑橘に変えて特徴を出しています。スロージンはリキュールで、ジュニパーベリーの代わりにスローベリーを副材料として使い、甘味と色づけしたものを言います。

　ジンベースを作るときは、ジンの香りの主体であるジュニパーベリーをメインの材料とし、素材別に水と一緒に真空にします。そうすることで、エキスをしっかり抽出することができ、液色の濁りも抑えられます。また、個別の抽出液を調合することで、微妙な香りの調整が可能です。今回は複雑に香りを合わせてジンの様に作り、アガベシロップの甘味を加えて味覚を調整して、香りをより感じやすく仕上げました。

ジンのボタニカルな香りを分析

ジンのベース
・ジュニパーベリー

フルーティー&ビター
・ライムリーフ
・レモングラス
・ライム
・ビターオレンジ

ハーバル	スパイシー	ウッディ	スイート
・ローズマリー ・ローレル ・ライムリーフ ・レモングラス	・ぶどう山椒 ・シナモン ・グローブ ・コリアンダーシード ・ジェニパーベリー	・リコリス ・ジェニパーベリー	・八角 ・カルダモン ・シナモン

ノンアルコール ジンベースの作り方

A

[作りやすい分量]
シナモン······················4本
八角······················10g
カルダモン······················10g
クローブ······················10g
水······················550ml

1 シナモンと八角は砕き、カルダモンは切り込みを入れる。クローブは花の部分を取り、スパイスを合わせる。水から煮出し、沸騰したらそのまま冷やして、こす。

B

[作りやすい分量]
ジュニパーベリー······················50g
水······················1000ml

カフェライムリーフ······················50g
水······················800ml

ローズマリー······················10g
レモングラス······················10g
コリアンダーシード······················10g
ぶどう山椒······················10g
リコリス······················10g
ローレル······················5g
水······················各450ml

リコリス······················2g
水······················各250ml

1 それぞれのスパイスとハーブを、専用の袋で真空にする。

2 1日漬けてから、それぞれをこす。ジンベースの材料を合わせる。

ジンベース

AとBをすべて合わせた
スパイス・ハーブティー······················500ml
アガベシロップ······················30g
ライム果汁······················10ml
ビターオレンジ果汁······················10ml

AとBをすべて合わせたスパイス・ハーブティーとアガベシロップ、ライム果汁、ビターオレンジ果汁を混ぜる。

ラム酒について

ラムはサトウキビを蒸留して作られたお酒です。
ほのかに香る黒糖のような甘い香りと、まろやかな口当たりが魅力の
ダークラムをイメージしたベースを作ります。

ラム酒の風味を再現する

香りに個性がある方が、ベースとしては理想的。そのため、ラムベースを作るときは、ホワイトラムよりダークラムの方が作りやすいです。

ダークラムとは3年以上の長い期間樽熟成され、濃い褐色の色味がついたラム酒のことです。

熟成期間が長いほど高価になりますが、よりまろやかになり複雑味が増します。ラムの甘い香りがベースとなり、香ばしさなどを作る材料としても使用できます。

甘味と香ばしさを作る材料を分析

バニラ

上品な甘さで濃厚。

はちみつ

花によりさまざまな味わいで複雑。

黒糖

スッキリとした甘味とコク。

シナモン

甘さと、爽やかな刺激のある芳香。

＼ その他 ／

ナッツ

香ばしさや、皮の苦味。

カラメル

コクとビターな風味、深み。

ラム砂糖で風味をつける

ラムはスイーツなどでもよく使用されていて、お酒を飲まない人もなじみのある香りです。香りをそのまま使うことが多いため、黒糖に香りを移してラム砂糖を作ります。黒糖にダークラムとナッツ、シナモンカシア、バニラビーンズ、はちみつ、カラメルをあわせてからパックに詰めて、真空状態にして香りを移します。真空で漬けたら、フードドライヤーにかけて水分を乾燥させます。水分よりアルコールの方が揮発しやすいので、水分がなくなる頃にはラム酒のアルコールは無くなっているのです。

ラム砂糖は、そのまま食べてもしっかりとしたラムの香りが移っており、美味しくいただけます。また、コーヒーに溶かしても味わい深いドリンクを作ることができます。ほんのり甘い香りと、爽やかさを感じるルイボスティーにラム砂糖を溶かすことで、よりラム酒のような味わいのドリンクベースを作ることができるのです。

ラムベースを使用することで、ラム酒を使用したカクテルの香りや味わいに近づいた、シミラードリンクを作ることができます。芳醇な香りを楽しめ、ドリンクの幅が広がります。

ノンアルコール ラムベースの作り方

ラム砂糖		
ダークラム	…………………	300g
無塩MIXナッツ	…………	200g
シナモンカシア	…………	20g
黒糖	…………………	200g
バニラビーンズ	…………	1g
はちみつ	…………………	20g
カラメル	…………………	10g

真空パックにダークラムと無塩MIXナッツ、シナモンカシア（細かく割る）を入れて真空でパックし、常温で1日寝かせる。

バットに**1**と黒糖、さやをさいて細かく切ったバニラビーンズ、はちみつ、カラメルを入れ混ぜ合わせ、フードドライヤーで乾燥させる。

ラムベース		
水	…………………	300g
ラム砂糖	…………………	50g
ルイボス茶葉	…………	10g

鍋に水とラム砂糖、ルイボス茶葉を入れて火をつけ、沸騰させる。沸騰したら弱火にして、5分間煮出す。
※総量が300gより少ないときは、加水する。

⑧ ウィスキーについて

いかにウィスキーに近づけるかを考え、今回はバーボンを意識した
5つのメインの香りでベースを作りました。

ウィスキーの香りを分析

フルーティー

発酵の段階でうまれる香りには、柑橘やトロピカルフルーツ、イチゴ、ブドウなどのさまざまなフルーツがあります。

フローラル

ピートに含まれるヘザーの香りで、発酵の段階でうまれるシングルモルトに多い香りです。

モルティー

原料に由来する香り。バーボンでは、とうもろこしをメインにライ麦や大麦、小麦を使用しています。

スイート

原料由来の甘さであるバニラやはちみつ、メイプルなどの香りがあります。

ウッディ

熟成のときに使う、樽の香り。バーボンではウィスキー樽の内面を火で焦がすチャーリング（内面を焦がすこと）によって、原酒の風味や香りをより高めて、バニラのような甘い風味を持つ成分である、バニリンに変化します。

アザース

スパイスやハーブなどの香りや、アルコール由来の薬品香などの香り。

ウィスキーベース

　バーボンに近づけるため、バーボンの香りを移した樽のチップに、甘い香りのバニラと甘さがあり爽やかな刺激のあるシナモン。清涼感と柑橘類を感じさせつつ、優しく甘い香りのカルダモン。甘くて濃厚な香りと渋味をおびたスパイシーなクローブ。アルコールを感じさせるピリッとした刺激になる唐辛子。フルーツの香りをプラスするドライオレンジピールを加えます。さらにとうもろこしのヒゲ茶で原料の香りを足し、ベースを組み立てています。こうしてシミラードリンクでも、ウィスキーを飲むような香りが楽しめます。

　ドリンクとして完成させるとき、味覚のバランスを取りやすくするために、ベースは香りだけで組み立てます。世界各国に個性豊かなウィスキーがあるので、主軸となる香りの食材を意識しましょう。食材を合わせて抽出することで、より香りが近づきます。

ノンアルコール ウィスキーベースの作り方

バーボンカスクチップ

バーボン樽の
スモークチップ …………… 100g
バーボン …………………… 100g

器にバーボン樽のスモークチップとバーボンを入れて真空にし、1日おく。

70℃のフードドライヤーで、完全に乾燥させる。

ウィスキーベース

バニラビーンズ（ホール）…1g
シナモンカシア …………………5g
カルダモン ホール ………10粒
クローブ ホール …………15粒
唐辛子 ホール ……………1本
バーボンカスクチップ ……60g
ドライオレンジピール ………5g
とうもろこしのヒゲ茶 ………5g
水 ………………………300g

さやを割いて細かく切ったバニラビーンズと、細かく割ったシナモンカシア、切れ目を入れたカルダモン、花の部分を取り除いたクローブ、種を抜いた唐辛子を鍋に入れる。

1にバーボンカスクチップとドライオレンジピール、とうもろこしのヒゲ茶を鍋に入れる。水から火にかけて、沸騰したら弱火にして5分煮出す。氷を入れたボールに入れ、急速に冷やしてからさらしでこす。※総量が200gより少ないときは加水する。

⑨ ブランデーについて

ブドウやリンゴ、プラム、チェリー、スモモ、洋梨などを主原料とした蒸留酒。
果実による、ほのかな甘味や香りを感じることができます。

ブランデーとは

　ブランデーは高級なお酒の部類で、産地の呼称や熟成年数によるランクもあり、ランクが高い程、芳醇な香りになります。そのままでも充分美味しいお酒は、ほかのものを混ぜてカクテルにするのは勿体無い、という考えになりやすく、ブランデーはストレートで、常温を手の温度で温めながら飲まれることが多くなります。ほかのお酒と比べて、カクテルにして飲むことが少ないお酒ですが、芳醇な香りを活かすベースを使用することで、魅力的なドリンクに仕上がります。

ブランデーベース

　ブランデーの香りには、フルーツを樽で熟成した香りがあるため、フルーツをそのまま使用しても、理想の香りに近づけることは困難です。今回は複雑な香りに仕上げるよりも、ブランデーそのままの香りをベースにしたいため、ドライフルーツにブランデーの香りを添加させてから、フルーツを乾燥させて材料にします（市販のドライフルーツをそのまま使用でも可）。ブランデーの原料となる種類のドライフルーツと、ブランデーを使用することで、ほかのベースとは違いブランデーの持つそのままの香りを活かせます。

　ブドウやリンゴ、プラム、チェリー、スモモ、洋梨などのドライフルーツにブランデーを染み込ませて、真空状態にします。そうすることで、ドライフルーツにブランデーを浸透させて香りが移ります。さらにフードドライヤーで乾燥させることで、アルコールが揮発して香りだけがドライフルーツに残ります。温かいドリンクはそのまま抽出できますが、アイスドリンクには香りが移りにくいため、冷たいドリンクを作るときは、温かい液体で抽出して香りを移してから冷やすことで、香りが残りやすくなります。フルーツを乾燥させてから液体に漬け込んで、再び乾燥させると食感がシャキシャキに戻ります。フルーツも美味しく食べられ、そのままドリンクに入れて飲みながら齧るだけでも、ブランデーの香りが楽しめます。アルコール感はまったくないので、アルコールを飲めない方でも飲みやすいのも魅力です。

ノンアルコール ブランデーベースの作り方

ブランデーブドウ

クリムゾン（種無しブドウ）
………… 680g（乾燥後200g）
ブランデー ………………… 100g

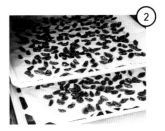

クリムゾンを半分にカットし、45℃のフードドライヤーにセットする。

クリムゾンを完全に乾燥させる。乾燥したクリムゾンとブランデーを真空パックに入れ、真空にして1日おく。器に注ぎ、45℃のフードドライヤーで完全に乾燥させる。

ブランデーベース

ブランデーブドウ ………… 50g
ダージリンオータムナル
茶葉 ……………………… 10g
水 ………………………… 200g

鍋にすべての材料を入れて火にかけ、沸騰したら弱火にして5分煮込む。氷を入れたボールに入れて、急速に冷やしてからさらしでこす。※総量が200gより少ないときは加水する。

ドライカルバドス

カルバドスと一緒にビニール袋に入れ、真空調理器にセットして真空状態にする。半日以上おき、カルバドスの香りを移す。

リンゴ（香りの強いもの）…………… 1個
シナモン ………………………… 1本
八角 ……………………………… 2g
カルバドス ……………………… 100g

1. リンゴを1/8等分のくし形にカットする。
2. 鍋に**1**とシナモン、八角、カルバドスを入れ、一煮立ちさせる。
3. 鍋からリンゴを取り出し、フードドライヤーで乾燥させる。
4. 真空パックに**3**と**2**のカルバドスを入れ、真空状態にしてリンゴの中にカルバドスを浸透させる。
5. **4**をフードドライヤーで乾燥させる。

日本酒について

日本酒は白米や麹と水を原料とし、発酵・熟成させます。
使用する米の精米歩合やプラスする水分によって味の違いを楽しめます。

日本酒とは

日本酒は原料や精米歩合により本醸造や純米酒、吟醸酒、大吟醸酒などに分類されます。本醸造酒の醸造アルコールや、焼酎の糖類、アミノ酸などの副原材料は、原材料の半分以下使用したものをいいます。精米歩合は 70% 以下、特別本醸造酒は 60% 以下のものを指します。

本醸造酒 特別本醸造酒

本醸造酒は、米と米麹、水及び醸造アルコールを使用し、精米歩合は 70% 以下。特別本醸造は 60% 以下。

純米酒 特別純米酒

米と米麹、水のみを使用して、精米歩合は 60% 以下。濃厚な米の味が楽しめ、蔵ごとの個性が出やすいお酒。

吟醸酒

米と米麹、水、醸造アルコールを使用。精米歩合は 60% 以下。長時間、低温で発酵させて造られフルーティーな香りが特徴。

純米吟醸酒

米と米麹、水を使用。精米歩合は 60% 以下。香りは穏やかでありながら、味は厚みがある。

大吟醸酒

米と米麹、水、醸造アルコールを使用しており、精米歩合は 50% 以下。吟醸酒より、さらに徹底して低温長期発酵する。

純米大吟醸酒

米と麹、水を使用し、精米歩合は 50% 以下。大吟醸酒に比べて、穏やかな香りで味わい深い日本酒。

日本酒ベース

ノンアルコールで日本酒の特徴を表現することは非常に難しく、液色がクリアであることやお米のもつ甘味の表現、麹のもつ酸味、旨味を表現しなければなりません。そのためには、できるだけ日本酒と同じ材料を用いて発酵させ、自然に変化した味わいを引き出し、複雑で繊細な風味を演出する必要があります。

今回は、液色がクリアな発酵飲料「KOJI CLEAR」をメインに使用しています。フルーティーな香りは、日本酒の香りのニュアンスに近い白桃を KOJI CLEAR に漬けて、香りを移すことで表現しました。白桃をカットしてじっくりと漬け込むことで、香りが移りやすく繊細な味わいになります。酸味をまろやかにし、さらに香りを足すために白桃が浸かっていたシロップも使用しましょう。自然な甘さでカクテルアレンジもしやすい、日本酒ベースの完成です。

香りと味に使われる表現

大吟醸酒・吟醸酒

フルーティーで華やかさがある。

フルーティーさ・甘さ
モモ、リンゴ、バナナ、ライチなど

華やかさ・香り高さ
桜、梅、花茶、ローズなど

爽やかさ・キレ
柑橘、ハーブなど

純米酒・特別純米酒

米のもつ奥深くて甘い香りと、旨味の強い味わい。

ふくよかなお米の味わい
麹などの穀物

古酒の様な熟成した味とコク深さ
カラメルシロップ、ナッツ、黒糖など

ノンアルコール 日本酒ベースの作り方

日本酒ベース

KOJI CLEAR ·······················1本
白桃（缶）···························1缶

フィルターに、カットした白桃を詰める。ボトルに KOJI CLEAR と白桃のシロップを入れる。

⑪ 焼酎について

焼酎は無味無臭の甲類と、原材料の香りや味が残りやすい乙類にわかれます。
焼酎らしさを演出するために、香りの特徴をよく考えて材料をセレクトしましょう。

焼酎とは

焼酎の作り方は、大きく分けて2パターンあります。穀物を使用して、連続式蒸留機で無味無臭に仕上がる甲類焼酎と、昔ながらの単式蒸留方法で、原料の香りや味が残りやすく、個性的で特徴のある味わいの乙類焼酎があります。米や麦、イモ、黒糖、酒粕、そば、栗などさまざまな原料で作られた乙類焼酎は、どれも蒸留酒になります。

香りに特徴がある乙類、その中でもイモなどを原料にした焼酎は個性的で表現しやすく、香りも近づけやすいため、ベースとしても作りやすくなります。

イモ焼酎の持つ華やかな香りの特徴を活かして、バラやラベンダーと甘酒のうわずみから麹の香りをプラス。イモの香りをメインに押し出すより、フローラルに仕上げることで、さまざまな食材と相性が良くなります。

由来別の香り素材

※マーカーは、本書で作る芋焼酎ベースでセレクトしたもの。

原料（イモ焼酎）
- バラ
- ラベンダー
- 柑橘
- 土

麹
- キノコ
- 麹ドリンク（KOJI CLEAR）

酵母
- バナナ
- メロン
- リンゴ
- パイナップル

蒸留
- コーヒー
- 焼きイモ
- チョコレート

貯蔵
- バニラ
- ナッツ

POINT

焼きイモを皮つきのまま使用することで、イモ焼酎の香りを移すことができますが、今回はさらに乾燥させて香ばしいメイラードの香りをつけました。香りは華やかで甘いのですが、味覚の甘味はありません。そのためドリンクにする際は、甘味を足すことでより香りを感じやすくなり、さらに飲んだときに旨味が広がります。また、温かいドリンクに仕上げると、焼きイモの香りが前に出て香ばしさが増します。温度帯で香りが変化して楽しめる焼酎ベースは単体でも、食事と合わせてもアレンジがしやすく、ドリンクの幅が広がります。

焼きイモ

焼きイモを使うことで、香ばしさと
凝縮した甘さの、香り良い焼酎ベー
スに仕上がる。

ノンアルコール 芋焼酎ベースの作り方

焼きイモ焼酎

焼きイモ······················適量
イモ焼酎········焼きイモと同量

焼きイモを半分にカットして並べ、
45℃のフードドライヤーで完全に乾
燥させる。

1 とイモ焼酎を真空パックに入れ、
真空にして1日おく。器に注ぎ入れ、
45℃のフードドライヤーで完全に乾
燥させる。

芋焼酎ベース

焼きイモ焼酎··················· 50g
バラ································5g
ラベンダー·························2g
バニラ·····························1g
水·······························300g

KOJI CLEAR··············· 100g

鍋にKOJI CLEAR以外のすべての材
料を入れ、火にかける。沸騰したら
弱火にして、5分煮込む。2/3量まで
煮詰める（※200gより少ない時は加
水する）。氷を入れたボールに入れて、
急速に冷やしてからさらしでこす。
KOJI CLEARを合わせる。

お酒のボトル紹介

世界各国で、個性的なお酒が造られています。同じ種類のお酒でも
作り手によって、まったく味わいが変わります。特徴を知ることで
さまざまなドリンクに変化させることができます。

使用しているお酒

キングスバリー ビクトリアンバット・ジン

ジュニパーを2倍以上使用した「ダブル・ジュニパー」と、樽熟成による「琥珀色」が特徴。本場のジントニックを楽しめる。

プリマス・ジン

ジュニパーベリーの豊かでフレッシュな香りに、コリアンダーとカルダモンの香りが漂うジン。

季の美 京都ドライジン

ジュニパーベリーに柚子や山椒、玉露など「和」のボタニカルを加えた、唯一無二の味わいを楽しめる。

ネイソン エルベ・スー・ボア

香り高いブランのアロマと、熟成ラムの風味が融合した、ユニークかつインパクトのある味わい。ファーストアグリコールラムに最適。

ワイルドターキー8年

アメリカを代表する、プレミアムバーボン。バニラやキャラメルのほのかな甘さと、リッチなコクが混じり合うフルボディテイスト。

グレングラントアルボラリス

スコットランド・スペイサイド産の、エレンガントなシングルモルト。フルーティーな香りで軽く、スムースな味わい。

セパージュ・カルバドス アップル 100%

フレッシュで、力強いリンゴの風味が存分に楽しめる。冷凍庫で冷やしても、ソーダやトニックで割っても美味しい。

今錦（純米吟醸 美山錦）

地元伊那バレーで栽培された酒造好適米「美山錦」を使用し、長野県産酵母で醸した純米吟醸。手間をかけて酒槽で搾っている。

ビール（ミネルバペールエール）

キャラメリゼしたような、香ばしい味と香りが特徴のペールエールビール。

カベルネソーヴィニョンワイン

優しくふくよかな果実味が、タンニン分などの骨格を包み込むようにして広がる、柔らかい呑み口が特徴。

シャルドネワイン

適度な果実味。しっかりと心地の良い酸味と凛としたきれいな輪郭を持つ、辛口の白。

ロゼワイン

コンコードを優しく搾り、汁液だけを発酵させた甘口のロゼワイン。より穏やかで、まろやかな口当たり。

カンパリ

鮮やかな赤色と、心地良い苦味が唯一無二のプレミアムリキュール。1860 年誕生。現在では、イタリアを代表するハーブリキュールとして愛飲されている。

グランマルニエ

フランス生まれのスーパー・プレミアムリキュール。ストレートからロック、ロングドリンクカクテル、お菓子、料理の風味づけまで、幅広い場面に最適なオレンジリキュール。

ココカヌー

熟成ホワイトラムと、ナチュラルなココナッツフレーバーのプレミアムリキュール。バランスのとれた味わいでカクテルに最適。

スタンダードなお酒を使ったカクテル&シミラードリンク

Part 2

食前 · **ALCOHOLIC**

伊予柑ブロッサム

フレッシュな伊予柑とスパイスが
すっきりと楽しめるカクテル。
華やかな香りとジンのハーバルさが香り立つ一杯。

BASE
ALCOHOLIC
ジン

材料（ドリンク1杯分）
伊予柑ジュース ·················· 45g
ジン ···································· 30g
カルダモンパウダー ··········· 少々
コリアンダーパウダー ········· 少々
伊予柑ピール ······················ 少々

COLD
1. ジューサーで伊予柑ジュース
   を絞る。
2. 氷（分量外）を入れたシェイ
   カーに、伊予柑ジュースとジン
   を加えシェイクする。
3. グラスに注ぎ入れ、パウダー
   類を少量ふりかけ、ピールを
   飾る。

材料（伊予柑シロップ）

伊予柑	100g
コリアンダー	3g
カルダモン	3g
グラニュー糖	60g

1. 伊予柑をジューサーにかけ、果汁を絞る。コリアンダーとカルダモン、果汁を鍋に入れて火にかける。

2. 沸騰したら火を止め、弱火で15分程煮詰める。グラニュー糖を加え、5分ほど火にかけ完成。

材料（ドリンク1杯分）

ジンベース	30g
伊予柑ジュース	50g
伊予柑シロップ	
（**MATERIAL**）	10g
カルダモンパウダー	少々
コリアンダーパウダー	少々
伊予柑ピール	少々

COLD

1. グラスに氷（分量外）を入れる。ジンベースと伊予柑ジュース、伊予柑シロップをシェイクし、注ぐ。

2. カルダモンパウダーと、コリアンダーパウダーをふりかける。伊予柑ピールを飾る。

食前　**NON-ALCOHOLIC**

伊予柑ネード

伊予柑の酸味や甘みに加えて
ハーブやスパイスの複雑な香りを味わえる
大人な柑橘ドリンク。

BASE
NON-ALCOHOLIC
ジンベース

食前　**ALCOHOLIC**

すだちのギムレット

青みがあり、爽やかなすだちの香りに煎茶の渋みと
香りを加えたジンが合わさり、さっぱりとした味わい。

BASE
ALCOHOLIC
ジン

MATERIAL

材料（煎茶インフィーズドジン）
煎茶 ……………………………………………… 5g
すだちピール …………………………………… 5g
ジン ……………………………………………… 60g

1. すり鉢を使って煎茶、すだちピールを細かくすり潰す。
2. ジンを加えて軽くすり潰すように混ぜ合わせ、1時間浸漬する。すだちを活かす為、水色軽めに浸漬する。

材料（ドリンク1杯分）
煎茶インフィーズドジン（**MATERIAL**）……45g
すだち果汁 ……………………………………… 10g
果糖シロップ ……… 3g（お湯に対して果糖20%）
すだちピール …………………………………… 適量
山葵オイル ……………………………………… 2滴

COLD
1. 氷（分量外）を入れたシェイカーに、煎茶インフィーズドジンとすだち果汁、果糖シロップを注ぎ、シェイクする。
2. グラスに注ぎ、すだちピールを飾る。山葵オイルを入れる。

材料（ドリンク1杯分）

煎茶 ······························ 5g
お湯 ······························ 50g

ジンベース ······················ 30g
すだち果汁 ······················ 10g
果糖シロップ ···················· 5g
すだち（スライス） ·············· 1切
芽ねぎ ·························· 適量

COLD

1. 煎茶に60℃のお湯を入れ、1分浸漬する。茶こしでこしたら、再び茶葉を戻し、浸漬をくり返して煎茶エスプレッソを20g抽出する（出来高20g）。
2. 氷（分量外）を入れたグラスにジンベースと**1**の煎茶エスプレッソ、すだち果汁、果糖シロップを注ぎ、ステアする。
3. すだちと芽ねぎを飾る。

食前 NON-ALCOHOLIC

すだち冷煎茶

煎茶をベースにしたジンの複雑な香りに
すだちの酸味をプラスして和を感じさせるテイストに。
甘みはお好みで減らしてもOK。

BASE
NON-ALCOHOLIC
ジンベース

スタンダードなお酒を使ったカクテル&シミラードリンク

Part 2

食前　食中　食後　単体

ALCOHOLIC

ジントニック

ライムピールのみを使用することで
ジン特有のハーバルな香りを
より楽しめる1杯に仕上げる。

材料（ドリンク1杯分）

ジン	45g
トニックウォーター	100g
ライムピール	1個

COLD

1. グラスに氷（分量外）を入れて、ジンとトニックウォーターを注ぎ、ステアする。
2. ライムピールを飾る。

BASE
ALCOHOLIC
ジン

食前　食中　食後　単体

NON-ALCOHOLIC

キーライムジントニック

キーライムとレモングラスの爽やかな香りが印象的な
タイ風のハーバルドリンク。
複雑に重なるハーブの余韻を楽しんで。

BASE

NON-ALCOHOLIC

ジンベース

材料（ドリンク1杯分）
キーライム……………………1個
レモングラス………………1/3本
ジンベース……………………60g
トニックウォーター……………40g

COLD
1. キーライムを1/2にカットし、レモン
グラスを千切りにして一緒にペスト
ルで潰す。
2. グラスに氷（分量外）とジンベース、
トニックウォーターを注ぐ。
3. 2に1を入れて、ステアする。

スタンダードなお酒を使ったカクテル&シミラードリンク

MATERIAL

材料（自家製ジンジャービア）

レモン	1個
生姜	100g
水	1000g
きび砂糖	80g
クローブ	5本
黒コショウ（粒）	10粒
コリアンダー	10粒
カルダモン	5粒
ドライイースト	3g

1. レモンをカットし果汁を絞る。レモンの皮も使用する。
2. 生姜はよく洗い、皮ごとすりおろす。
3. 鍋に水とレモンの皮、きび砂糖、クローブ、黒コショウ、コリアンダー、カルダモンを入れ、火にかける。沸騰したら、弱火で15分程煮る。
4. 15分経ったら火からおろし、40-50℃まで冷ます。
5. 1で絞ったレモン汁とドライイーストを加え、よく混ぜ溶かす。
6. 裏ごしをし、しっかりと水分を絞りきって、炭酸用のペットボトルに入れる。15〜30℃で4〜6時間発酵させる。発酵後、フタを軽く緩めガスを少し逃す。
7. 冷蔵庫に入れ、冷やす。（発酵度合をみてガスを抜く）

材料（ドリンク1杯分）

ラム	50g
京番茶	10g
黒糖	少々
醤油パウダー	少々
自家製ジンジャービア（**MATERIAL**）	100g
ライム果汁	10g
スターアニス	1個

COLD

1. ラムに京番茶を浸漬させ、インフューズドラムを30g抽出する。
2. グラスのフチにライム果汁（分量外）を少量塗り、黒糖と醤油パウダーを混ぜたものを、スノースタイルにする。
3. 氷（分量外）を入れたグラスに、ジンジャービアと、ライム果汁を注いで、軽くステアする。
4. 1のインフューズドラムを、上からフロートする。スターアニスを飾る。

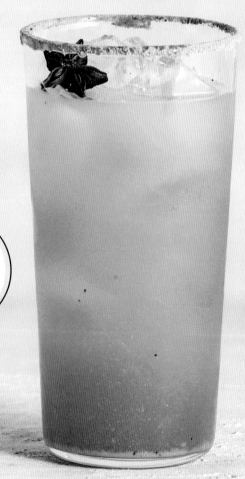

BASE

ALCOHOLIC

ラム

単体　　ALCOHOLIC

ダークアンド
ストーミー

生姜のスパイシーさと番茶のスモーキーさ、
ラムや黒糖の香ばしさやコクを堪能できる。
醤油のパウダーの旨味と塩味がアクセント。

MATERIAL

材料（スパイス京番茶）

水	200g
京番茶	10g
カルダモン	5粒
コリアンダー	3粒
生姜	10g

1. 手鍋に水と京番茶、カルダモン、コリアンダー、生姜を入れ沸騰させる。
2. 沸騰したら、弱火で10分ほど煮詰める。茶こしでこす。

MATERIAL

材料（黒酢と黒糖のシロップ）

黒糖	100g
黒酢	20g
お湯	50g
八角	1個
クローブ	3粒

1. 手鍋に黒糖と黒酢を入れ、強火にかける。まわりが焦げてきたら、お湯を加えて伸ばす。
2. 八角とクローブを加え、さらに火にかける。15分程弱火で煮詰め、粗熱を取り冷やす。

BASE
NON-ALCOHOLIC
ラムベース

単体　NON-ALCOHOLIC

番茶ジンジャーエール

甘さや酸を強めたぶん
ジンジャーエールで軽めに仕上げることで、
番茶の香りを引き立たせる。

材料（ドリンク1杯分）

ラムベース	30g
スパイス京番茶（**MATERIAL**）	30g
ジンジャーエール	100g
ライム果汁	10g
黒酢と黒糖のシロップ（**MATERIAL**）	10g
ライム（スライス）	2枚
カルダモン	2粒

COLD
1. 氷（分量外）を入れたグラスに、材料を注いで軽くステアする。
2. ライムとカルダモンを飾る。

スタンダードなお酒を使ったカクテル＆シミラードリンク

Part 2

043

材料（ドリンク1杯分）

牛乳	200ml
三温糖	小さじ1
シナモン	1/2本
ラム	30ml
無塩バター	10g

HOT

1. 牛乳と三温糖、シナモンを鍋に入れてから、火にかけて三温糖を混ぜ溶かす。
2. カップにラムを入れて、**1**を注ぐ。
3. バターを浮かべる。

食後　単体　**ALCOHOLIC**

ホットバタード
ラムカウ

芳醇なラムとシナモンの甘い香りを
より楽しめるホットドリンク。ミルクの甘味に
バターを加えた体も温まる冬におすすめのカクテル。

BASE
ALCOHOLIC
ラム

材料（ドリンク1杯分）

アーモンドミルク ……………… 200ml
シナモン ………………………… 1/2本
はちみつ ………………………… 20g
無塩バター ……………………… 10g
ラムベース ……………………… 30ml
ナツメグパウダー ………………… 少々

HOT

1. アーモンドミルクとシナモンを、鍋に入れて煮る。
2. 1にはちみつと無塩バターを入れて、混ぜ溶かす。
3. カップにラムベースと2を注ぎ、ナツメグパウダーをふる。

食後　単体　NON-ALCOHOLIC

ホットバタード ラムアーモンド

アーモンドミルクにはちみつの甘味と香りをプラス。
バターを溶かして油分でフタをすれば
風味を閉じ込め温度もキープできる。

BASE
NON-ALCOHOLIC
ラムベース

スタンダードなお酒を使ったカクテル&シミラードリンク

Part 2

食後　単体　**ALCOHOLIC**

ジャマイカ・クーラー

コーヒーをベースに、ダーク・ラムの甘い香りと
レモンピールの爽やかさを楽しむ、大人のコーヒーカクテル。

BASE
ALCOHOLIC
ラム

材料（ドリンク1杯分）
ダーク・ラム ………………………… 20ml
アイスコーヒー ……………………… 150ml
レモンピール ………………………… 1切れ

COLD
1. グラスにクラッシュアイス（分量外）
を入れ、ダーク・ラムとアイスコー
ヒーを注ぎ入れ、レモンピールを
飾る。

材料（ドリンク1杯分）
水 ························ 90ml
ラムベース ·················· 20ml
エスプレッソリストレット ········· 15ml
レモンピール ················ 1切れ

COLD

1. グラスにクラッシュアイス（分量外）を入れ、水を注ぐ。

2. ラムベースとエスプレッソリストレットを静かに注ぎ、レモンピールを飾る。

 POINT

ナッツをラム酒に漬けて、真空調理器に入れることで、ラムの香りをナッツに染み込ませる。

BASE
NON-ALCOHOLIC
ラムベース

食後　単体　**NON-ALCOHOLIC**

ジャマイカ・カフェ

ルイボスティーに、ラムの香りがする黒糖を溶かしアメリカーノで仕上げる。
甘い香りが心地良いアイスコーヒーに。

スタンダードなお酒を使ったカクテル＆シミラードリンク

Part 2

材料（ザクロシロップ）

グラニュー糖	100g
ザクロ酢	20g
ザクロジュース	50g

1. 鍋にグラニュー糖を入れる。ザクロ酢を入れ、強火で溶かす。周りが焦げ始めたら火から外し、ザクロジュースを注ぎ伸ばす。
2. 粗熱をとり、冷やす。

材料（イチジク唐辛子シロップ）

生イチジク	100g
米酢	50g
水	100g
赤唐辛子	2本

1. 生イチジクと米酢、水をブレンダーにかける。
2. 鍋に移し入れ、弱火で加熱する。
3. 沸騰したら、唐辛子を加えて煮詰める。
4. 裏ごしする。

材料（ドリンク1杯分）

ウィスキー	30g
ブラッドオレンジジュース	50g
ザクロ酢	3g
ザクロシロップ（**MATERIAL**）	10g
ジュペローズ	10g
イチジク唐辛子シロップ（**MATERIAL**）	2g

COLD

1. シェイカーに氷（分量外）とすべての材料を入れて、シェイクする。
2. グラスに注ぎ入れる。

単体　**ALCOHOLIC**

シチリアンローズ

アイリッシュローズをツイスト。
ザクロやブラッドオレンジの持つ明確な酸味を活かしつつ
バラの香りで上品に。

材料（ドリンク1杯分）

ウィスキーベース	30g
ブラッドオレンジジュース	30g
オレンジジュース	30g
ザクロ酢	3g
ザクロシロップ（P.048参照）	10g
ローズペースト	10g
イチジク唐辛子シロップ（P.048参照）	2g
オレンジ（スライス）	1枚

COLD

1. シェイカーに氷（分量外）を入れ、ウィスキーベースとブラッドオレンジジュース、オレンジジュース、ザクロ酢、ザクロシロップ、ローズペースト、イチジク唐辛子シロップを加えて、シェイクする。
2. 氷（分量外）を入れたグラスに注ぎ、オレンジスライスを飾る。

単体 **NON-ALCOHOLIC**

ブラッディオレンジ

柑橘感とザクロの明るい酸味が楽しめる
見た目も華やかなドリンク。
熟成された様な樽感と、酸のバランスが◎。

BASE
NON-ALCOHOLIC
ウィスキー
ベース

スタンダードなお酒を使ったカクテル＆シミラードリンク

Part 2

食中　単体　**ALCOHOLIC**

カリフォルニア・レモネード

ウィスキーに甘味とライム、レモンを加えて爽快感のある一杯に。
夏におすすめのレモネードカクテル。

BASE
ALCOHOLIC
ウィスキー

材料（ドリンク1杯分）

ウィスキー	45ml
レモンピューレ	20ml
ライム汁	10ml
グレナデンシロップ	3ml
シュガーシロップ	10ml
強炭酸	適量
レモン（くし形）	1切れ

COLD

1. シェーカーにウィスキーとレモン
   ピューレ、ライム汁、グレナデンシ
   ロップ、シュガーシロップを入れ、
   シェークしてグラスに注ぐ。
2. 氷（分量外）を入れる。強炭酸を注
   ぎ入れ、軽くステアする。
3. レモンを飾る。

食中　　単体　　**NON-ALCOHOLIC**

スモーキーレモネード

ウィスキーの樽の香りをグラスにつけて
スパイシーなウィスキーベースを合わせた
香ばしいドライレモネード。

BASE
NON-ALCOHOLIC
ウィスキー
ベース

材料（ドリンク1杯分）
バーボンカスクのチップ……………適量
キーライム……………………………1個
レモン（くし形）……………………2切れ
ウィスキーベース…………………30ml
レモンピューレ………………………5ml
アガベシロップ……………………10ml
強炭酸…………………………………適量

COLD

1. スモークマシンで、グラスにバーボンカスクのチップの薫香をつける。
2. 3枚にスライスしたキーライムとレモンを容器に入れ、ペストルで潰す。ウィスキーベースとレモンピューレ、アガベシロップを注ぎ、混ぜ合わせる。
3. グラスに氷（分量外）と2を入れ、ソーダを注ぐ。

スタンダードなお酒を使ったカクテル＆シミラードリンク

BASE
ALCOHOLIC
ウィスキー

単体   ALCOHOLIC

シトラスエッグサワー

卵を使った、クリーミーな口当たりが特徴。
せとかの濃厚な甘みと香りをプラスし
ハードシェイクでまろやかに。

材料（ドリンク1杯分）

ブランデー	30g
グランマルニエ	10g
せとかジュース	50ml
卵	1個
サフラン	適量
カルダモンパウダー	少々

COLD

1. シェーカーにすべての材料を入れ、ハードシェイクする。
2. 茶こしでこしながら、グラスに注ぎ入れる。

単体 **NON-ALCOHOLIC**

せとかの
クリームジュース

タマリンドを使った柑橘シロップで
エキゾチックなミルクセーキ風ドリンクに。
栄養価も高くお子さまにもおすすめ。

材料（オレンジシロップ）

オレンジ果汁‥‥‥‥‥‥‥‥‥100g
オレンジピール‥‥‥‥‥‥‥‥20g
タマリンド‥‥‥‥‥‥‥‥‥‥20g

1. 材料をすべて手鍋に入れ、火にか
　　ける。
2. 沸騰したら弱火にし、15分煮詰め
　　る。
3. 粗熱を取り、冷ます。

材料（ドリンク1杯分）

ブランデーベース‥‥‥‥‥‥‥30g
オレンジシロップ（**MATERIAL**）‥‥20g
せとかジュース‥‥‥‥‥‥‥‥50ml
卵‥‥‥‥‥‥‥‥‥‥‥‥‥‥1個
サフラン‥‥‥‥‥‥‥‥‥‥‥適量

COLD

1. 氷（分量外）を入れたシェイカーに、
　　ブランデーベースとオレンジシロッ
　　プ、せとかジュース、卵を入れ、
　　ハードシェイクする。
2. 茶こしでこしながら、氷（分量外）を
　　入れたグラスに注ぎ入れる。

MATERIAL

BASE
NON-ALCOHOLIC
ウィスキー
ベース

スタンダードなお酒を使ったカクテル&シミラードリンク

Part 2

BASE
ALCOHOLIC
ブランデー

食中 単体 **ALCOHOLIC**

ムーンライト・
クーラー

甘い芳醇な香りが魅力のカルバドスと、
爽やかなレモンを合わせて炭酸で割った
清涼感のあるカクテル。

材料（ドリンク1杯分）
カルバドス·······················45ml
レモンピューレ················15ml
シュガーシロップ················3ml
強炭酸····························適量
レモン（スライス）··············2枚

COLD

1.シェーカーにカルバドスとレモン
ピューレ、シュガーシロップ、氷
（分量外）を入れてシェークし、グラ
スに注ぐ。

2.氷（分量外）を入れて強炭酸を注
ぎ、軽くステアする。

3.レモンを飾る。

BASE
NON-ALCOHOLIC
ブランデー
ベース

食中　単体　NON-ALCOHOLIC

アップルレモン
クーラー

ドライカルバドスを入れたレモネードは
食べながら一緒に飲むことで
芳醇な香りが口の中で広がる。

材料（ドリンク1杯分）
レモンピューレ ･･････････････････ 30ml
グラニュー糖 ･･････････････････････ 10g
ドライカルバドス（P.029参照）
･･････････････････ 4切れ（約10g）
強炭酸 ･････････････････････････････ 適量

COLD
1. レモンピューレとグラニュー糖を入
   れ、バースプーンで混ぜ合わせて
   溶かす。ドライカルバドスと氷（分
   量外）を入れて、ハードにシェーク
   する。
2. グラスに**1**を氷ごと注ぎ、ソーダを
   入れて軽くステアする。
※ドライカルバドスをかじりながら飲む
   ドリンク。くし形状をさらに1/3に
   カットする。

スタンダードなお酒を使ったカクテル＆シミラードリンク

Part 2

055

食前　ALCOHOLIC

サケティーニ

玉露を漬け込んだジンと、
日本酒の鋭い後味を堪能して。
薬草系の渋みで味わいを整える。
使うベースを変えてみるのも◎。

BASE
ALCOHOLIC
日本酒

MATERIAL

材料（玉露インフューズドジン）

ジン‥‥‥‥‥‥‥‥‥‥‥200ml
玉露‥‥‥‥‥‥‥‥‥‥‥‥6g
にがヨモギ‥‥‥‥‥‥‥‥‥3g
蕗のとう‥‥‥‥‥‥‥‥‥‥2g

1. ジンをガラス瓶に入れる。玉露を
　浸し、冷蔵庫で2日程浸漬する。
2. 茶こしでこしながらすり鉢に注ぎ、
　にがヨモギと蕗のとうを加えて、ペ
　ストルで擦り潰しながら混ぜる。

材料（ドリンク1杯分）
玉露インフューズドジン
（MATERIAL）‥‥‥‥‥30ml
日本酒‥‥‥‥‥‥‥‥‥‥20ml
七折小梅の梅干し‥‥‥‥‥適量

COLD
1. ミキシンググラスに氷（分量外）を入
　れる。玉露インフューズドジンと日
　本酒を入れ、ステアする。
2. ストレーナーを使ってグラスに注
　ぎ、梅干しを飾る。

MATERIAL

材料（ハーバルシロップ）

ガムシロップ··················200g
にがヨモギ····················10g
蕗のとう······················10g

1. ガムシロップをボウルに入れ、湯煎する。
2. 80〜90℃になったところで、にがヨモギと蕗のとうを入れる。
3. 温度を保ちながら、撹拌する。そのまま浸漬して抽出する。
4. 茶こしでこす。

材料（ドリンク1杯分）

水出し玉露····················30g
ジンベース····················20g
日本酒ベース··················20g
ハーバルシロップ（**MATERIAL**）···10g
青しそ·······················1枚

COLD

1. ミキシンググラスに氷（分量外）を入れる。水出し玉露とジンベース、日本酒ベース、ハーバルシロップを入れてステアする。
2. ストレーナーを使ってグラスに注ぎ、青しそを飾る。

BASE

NON-ALCOHOLIC

日本酒ベース
ジンベース

食前　NON-ALCOHOLIC

ボタニカル玉露

玉露の旨味にハーバルさや渋みをプラス！
青しそを飾ることで、見た目からも清涼感を演出。

スタンダードなお酒を使ったカクテル＆シミラードリンク

Part 2

BASE
ALCOHOLIC
日本酒

材料（ドリンク1杯分）

桜の塩漬け	5g
お湯	150ml
柚子（カット）	1/8 個
桜の塩漬けの塩	適量
塩	適量
柚子ピューレ	5g
日本酒	30ml

COLD

1. 桜の塩漬けの塩抜きをして、水分を切る。お湯を入れて桜茶を作り、冷ます。

2. 柚子をグラスに回しあて、桜の塩漬けの塩にさらに塩を足して、グラスをスノースタイルにする。

3. 2に氷（分量外）と柚子ピューレ、日本酒、1を注ぐ。

食前　食中　食後　単体

ALCOHOLIC

サクラソルティードック

日本酒を使用し、桜と柚子皮の香りも広がる
ジャパニーズソルティードック。桜の塩漬けの塩で
スノースタイルに。

食前　食中　食後　単体

NON-ALCOHOLIC

サクラ柚子麹ドリンク

麹の持つ日本酒の様なニュアンスと爽やかな後味に
桜茶のフローラルな香りと柚子皮の苦味が
絶妙なバランスでマッチする。

BASE
NON-ALCOHOLIC
日本酒
ベース

材料（ドリンク1杯分）

桜の塩漬け	5g
お湯	150ml
柚子（カット）	1/8個
柚子ピューレ	5g
桜の塩漬けミンチ	1g
日本酒ベース	30ml

COLD

1. 桜の塩漬けの塩抜きをして、水分を切る。お湯を入れて桜茶を作り、冷ます。
2. 柚子カットをグラスに回しあて、桜の塩漬け（分量外）を細かくカットしたものでグラスをスノースタイルにする。
3. グラスに氷（分量外）を入れる。柚子ピューレと桜の葉の塩漬けミンチ、日本酒ベース、**1**を注ぐ。

スタンダードなお酒を使ったカクテル&シミラードリンク

Part 2

食後　単体　**ALCOHOLIC**

サツマイモの
フローズン

サツマイモを使用したフローズンカクテル。
カラメル化させた黒酢や芋蜜で
コクと奥行を際立たせる。

MATERIAL

材料（黒酢シロップ／別名ガストリックソース）
きび砂糖 ································· 200g
黒酢 ······································· 40g
お湯 ····································· 100g
八角 ······································· 2片

1. 鍋にきび砂糖と黒酢を入れ、火にか
　ける。砂糖が焦げてきたら火から外
　して、お湯を注いで伸ばす。
2. 1のシロップに八角を加えて、煮立て
　る。

材料（ドリンク1杯分）
芋焼酎 ····································· 30g
牛乳 ······································· 20g
冷凍芋ペースト ··························· 50g
バニラアイス ····························· 80g
クラッシュアイス ························· 30g
黒酢シロップ（**MATERIAL**） ··········· 10g
芋蜜 ······································· 10g
さつまいもチップス ······················· 3枚

COLD

1. ブレンダーに芋焼酎と牛乳、冷凍芋
　ペースト、バニラアイス、クラッシュ
　アイス、黒酢シロップを入れ、撹拌
　する。
2. グラスに注ぎ、芋蜜とサツマイモチッ
　プスで飾る。

BASE
ALCOHOLIC
焼酎

食後　　単体　　NON-ALCOHOLIC

サツマイモのフラッペ

甘さのなかに芳醇な香りが寄り添う一杯。
サツマイモのトロミが濃厚な
フローズンシェイクを堪能してみて。

BASE
NON-ALCOHOLIC
焼酎ベース

材料（ドリンク1杯分）
芋焼酎ベース ……………………… 30g
牛乳 ………………………………… 40g
冷凍芋ペースト …………………… 50g
バニラアイス ……………………… 80g
クラッシュアイス ………………… 30g
黒酢シロップ（P.060参照）……… 20g
芋蜜 ………………………………… 10g
さつまいもチップス ……………… 3枚

COLD
1. ブレンダーに芋焼酎ベースと牛乳、
   冷凍芋ペースト、バニラアイス、
   クラッシュアイス、黒酢シロップを
   入れ、撹拌する。
2. グラスに注ぎ、芋蜜とサツマイモ
   チップスで飾る。

スタンダードなお酒を使ったカクテル＆シミラードリンク

Part 2

☑ Restaurant ☐ Cafe ☑ Izakaya ☑ Bar

by Katakura

BASE
ALCOHOLIC
日本酒

食前　食中　単体

ALCOHOLIC

サムライ・ロック

ライムの苦味と酸味を効かせた
爽やかな味わい。
日本酒をライトに楽しめる定番カクテル。

材料（ドリンク1杯分）
日本酒 ································· 45ml
ライム汁 ····························· 10ml
シュガーシロップ ················· 3ml

COLD
1. グラスに氷（分量外）と日本酒、ライム汁、
   シュガーシロップを入れ、軽く混ぜ合わせる。

☑ Restaurant ☐ Cafe ☑ Izakaya ☑ Bar

by Katakura

BASE
NON-ALCOHOLIC
日本酒
ベース

食前　食中　単体

NON-ALCOHOLIC

麹ライムサワー

甘酒のうわずみの麹の香りに
桃の香りを合わせてベースに。ライムが
爽やかな味わいを引き立てるサワー。

材料（ドリンク1杯分）
日本酒ベース ······················ 45ml
ライム汁 ···························· 10ml
麹シロップ ···························· 3ml
炭酸水 ······························· 適量
金粉 ································· 適量

COLD
1. グラスに日本酒ベースとライム汁、麹シロッ
   プ、炭酸水を入れ、軽く混ぜ合わせる。
2. 金粉を飾る。

食前　食中　単体

ALCOHOLIC

ビックアップル

芋と相性の良いリンゴを合わせると
芋焼酎の香りが和らぐ。芋焼酎ビギナーにも◎。

材料（ドリンク1杯分）
紅玉ピューレ ……………………………… 40g
芋焼酎 ……………………………………… 40ml
リンゴジュース …………………………… 60ml
紅玉リンゴ（カット）……………………… 1切れ

COLD
1. 氷（分量外）を入れたタンブラーに紅玉
   ピューレと芋焼酎、リンゴジュースを注ぐ。
2. リンゴを飾る。

by Tanaka

BASE
ALCOHOLIC
焼酎

食前　食中　単体

NON-ALCOHOLIC

ビックアップルネード

リンゴのジュースに、はちみつの香りとコクをプラス。
レモンピューレで後味さっぱり。

材料（ドリンク1杯分）
レモンピューレ …………………………… 30g
はちみつ …………………………………… 30g
レモン（スライス）………………………… 4切れ
芋焼酎ベース ……………………………… 100ml
リンゴジュース …………………………… 60ml

COLD
1. レモンピューレとはちみつを合わせておく。
2. レモンをグラスに貼りつけ氷（分量外）を入れる。
3. 芋焼酎ベースと**1**を注ぐ。

by Tanaka

BASE
NON-ALCOHOLIC
焼酎ベース

スタンダードなお酒を使ったカクテル＆シミラードリンク

Part 2

☑ Restaurant ☐ Cafe ☑ Izakaya ☐ Bar

by Katakura

BASE
ALCOHOLIC
焼酎

焼酎と大葉の
モヒート

大葉をきび糖ですり潰して香りを移し
柚子と焼酎で合わせた日本の素材を活かす。

材料（ドリンク1杯分）
大葉······5ml
きび糖······10ml
柚子ピューレ······20ml
芋焼酎······50ml
炭酸水······50ml

COLD

1. グラスにクラッシュアイス（分量外）と大葉、きび糖を入れ、大葉を擦り潰す。
2. 1に柚子ピューレと氷（分量外）、芋焼酎、炭酸水の順に注ぎ、軽く混ぜ合わせる。

☑ Restaurant ☐ Cafe ☑ Izakaya ☐ Bar

by Katakura

BASE
NON-ALCOHOLIC
焼酎ベース

柑橘香草芋

焼き芋の香ばしく甘い香りで仕上げたベースに
柑橘の香りをプラスして爽やかに。

材料（ドリンク1杯分）
芋焼酎ベース······20ml
ブラッドオレンジピューレ······70ml
柚子ピューレ······10ml
大葉······1枚

COLD

1. グラスに氷（分量外）と焼酎ベース、ブラッドオレンジピューレ、柚子ピューレを入れ、軽く混ぜ合わせる。
2. 大葉を飾る。

Part 3

ビールを使った
カクテル＆シミラードリンク

Alcoholic

Non Alcoholic

ビールを使ったビアカクテルと
ホップや麦茶でビールらしさを引き出した
ノンアルコールベースを使ったシミラードリンク。
美味しく仕上げてみて。

⑬ ビールについて

ビールとは大麦を発芽させた麦芽を、
ビール酵母によりアルコール発酵させたものです。
糖化→煮沸→冷却→発酵の工程が必要です。

ビールベース

ビールは発酵の仕方で、大きく味わいが変化する飲み物です。ノンアルコールのビールベースでは、発酵以外でビールの様な風味にするにあたり、使用する材料の選別や煮出し方で表現しました。まずは麦茶でベースを作ります。それに加えてはちみつやモルトシロップで甘味と風味、コク出しをします。さらにホップティーで風味と苦味、スパイスと柑橘のピールで複雑味と爽やかな香りをプラスしました。麦茶を煮出すことで、スタウトの様な液色ながら、ホワイトエールの様なスパイスやフルーティーさも合わせ持つビールベースに仕上がります。

ビールの風味の秘密

1.糖化

粉砕した麦芽と温水を合わせることで、麦芽に含まれるデンプンやタンパク質などの糖類が溶け出し、麦芽糖になります。麦汁を濾過して、固形物を取り除くことで発酵性の麦汁ができます。最初に絞られる麦汁を、一番絞り麦汁と呼びます。

2.煮沸

麦汁中の水分が蒸発して、糖類が濃縮されて残ります。煮沸することで殺菌のほか、タンパク質を固めたり、液色をあげる効果もあります。煮沸中にホップを入れることで、苦味と風味がつきます。煮沸が長いほど、苦味が強くなり風味や香りは弱くなります。

3.冷却

発酵する前に冷却することで、タンパク質が固まります。仕上げに、麦汁に無菌の空気を通します。

4. 発酵

冷却した麦汁に酵母を添加し、出芽をすることで発酵します。温度をコントロールしながら、酵母の種類やビールの濃さによって時間を調整します。発酵した液は熟成させ、酵母の活動を抑えるために低温殺菌をおこなわずに、特殊な濾過をして酵母を取り除いたものが、生ビールです。

発酵は上面と下面の2種類に分けられ、上面発酵は常温で短い時間で発酵します。香りと深いコク、フルーティーな味わいが特徴です。エールやスタウト、ヴァイツェンなどがあります。下面発酵は、低温で長い時間で発酵します。爽やかな苦味と、マイルドな味わいがあり、ラガーやピスルナーなどが代表的です。

── ノンアルコール ビールベースの作り方 ──

ビールベース

A	麦茶	100g
	ブラックペッパー	10g
	コリアンダーシード	10g
	レモンピール	5g
	水	1000ml

	ホップ	2g
	水	200ml
	モルトシロップ	40g
	はちみつ	40g

① Aの材料を水と鍋に入れて、煮出す。

② 沸騰したら火を消し、そのまま冷ましてこす。

③ 鍋に水を入れ、火にかける。沸騰したらホップを入れて火を消し、そのまま冷ましてこす。

④ 2と3を合わせて、モルトシロップとはちみつを溶かしてこす。

単体   **ALCOHOLIC**

トリプルカルチャード

ビールと甘酒、発酵乳の3つの発酵ドリンクを合わせた一杯。
酸味と甘味、苦味の絶妙なバランスで
ビールが苦手な方にもおすすめ。

BASE
ALCOHOLIC
ビール

材料（自家製発酵乳）

ヨーグルト	200g
グラニュー糖	80g
米麹	20g
クエン酸	2g

1. 鍋にヨーグルトとグラニュー糖を入れ、弱火で溶かす。
2. 40〜50℃になるのを温度計で確認し、米麹とクエン酸を入れる（60℃以上だと、麹菌が死滅してしまうため注意）。
3. ヨーグルトメーカーで50℃前後に設定し6〜8時間発酵させる。
4. ミキサーで撹拌し、こし器でこす。

材料（ドリンク1杯分）

自家製発酵乳（**MATERIAL**）	30g
玄米甘酒	10g
ビール	260g
ナツメグパウダー	少々

COLD

1. 自家製発酵乳と玄米甘酒をグラスに入れ、ビールを注ぐ。
2. ナツメグパウダーをふる。

MATERIAL

材料（スパイス発酵乳）
自家製発酵乳（P.068参照）......... 30g
カルダモン 1粒
コリアンダー 1g

1. すり鉢に発酵乳とカルダモン、
コリアンダーを入れ、よく混ぜ
合わせる。

材料（ドリンク1杯分）
スパイス発酵乳（**MATERIAL**）..... 30g
玄米甘酒 10g
練乳 3g
ビールベース 30g
炭酸 70g
ナツメグパウダー .... 少々
ブラックペッパー .... 少々
粉糖 .... 少々

COLD
1. スパイス発酵乳と玄米甘酒、練
乳、ビールベースをグラスに入
れ、軽くステアし、炭酸を注ぐ。
2. ナツメグパウダーとブラックペッ
パー、粉糖をふる。

BASE
NON-ALCOHOLIC
ビール
ベース

単体　**NON-ALCOHOLIC**

発酵
クリームソーダ

発酵を軸にした炭酸ドリンク。
あらかじめ発酵乳にスパイスを馴染ませることで
華やかさを演出できる。

ビールを使ったカクテル＆シミラードリンク

Part 3

材料（ドリンク1杯分）
エールビール ······················· 1/2量
レモンスカッシュ ·················· 1/2量

COLD

1.グラスにエールビールとレモンスカッ
　シュを入れ、軽く混ぜ合わせる。

BASE

ALCOHOLIC

ビール

食前　　食中　　単体

ALCOHOLIC

パナシェ

ビールの苦味に爽やかなレモンスカッシュをあわせて
喉越しと爽やかさな香りが楽しめる定番カクテル。

BASE
NON-ALCOHOLIC
ビール
ベース

食前　食中　単体

NON-ALCOHOLIC

ウィートシトラス

ジャバラを使用し、苦味のある味わいの泡と
ホップを効かせた香りが広がる
大人のレモンスカッシュ。

材料（ビターシトラスエスプーマ）
ジャバラ汁（ビターオレンジ）………80g
レモンピューレ………………………80g
シュガーシロップ……………………40g
水………………………………………560g
プチドリップ（液量の4%）…………30g

1. ボトルにジャバラ汁とレモンピュー
レ、シュガーシロップ、水、プチド
リップを入れ、フタをしてよく振り
混ぜ合わせる。

材料（ドリンク1杯分）
ビールベース…………………………50g
レモンスカッシュ……………………150g
ビターシトラスエスプーマ
（**MATERIAL**）………………………50g
レモン（皮）…………………………適量

COLD
1. グラスにビールベースとレモンス
カッシュを注ぎ、軽く混ぜ合わせ
る。
2. ビターシトラスエスプーマをのせ、
レモンの皮を削りかける。

MATERIAL

ビールを使ったカクテル＆シミラードリンク

食中　単体　**ALCOHOLIC**

ブリティッシュ・シャンディガフ

ジンジャーエールの代わりにジンジャービアを使うことで
オーセンティックで本格的なシャンディガフに。

BASE
ALCOHOLIC
ビール

材料（ドリンク1杯分）
エールビール ································· 1/2 量
ジンジャービア ···························· 1/2 量
ライム（くし形）························· 1カット

COLD

1. グラスにエールビールとジンジャー
   ビアを注ぎ、ライムをしぼり軽く混
   ぜ合わせる。

BASE
NON-ALCOHOLIC
ビール
ベース

材料（ジンジャーシロップ）

生姜（皮付き）‥‥‥‥‥‥400g
きび砂糖‥‥‥‥‥‥‥‥‥200g
水‥‥‥‥‥‥‥‥‥‥‥‥600g
唐辛子‥‥‥‥‥‥‥‥‥‥4本
ブラックペッパー‥‥‥‥‥‥4g
シナモンカシア‥‥‥‥‥‥‥1本
クローブ‥‥‥‥‥‥‥‥‥‥2粒
ローリエ‥‥‥‥‥‥‥‥‥‥1枚
レモングラス（根）‥‥‥‥‥1本
レモンピューレ‥‥‥‥‥‥‥20g
ライム汁‥‥‥‥‥‥‥‥‥‥20g
レモン（皮）‥‥‥‥‥‥‥1個分
ライム（皮）‥‥‥‥‥‥‥1個分

1. 皮も使用するのでキレイに生姜を洗い、水分を拭き取り2mmにスライスする。
2. 鍋に生姜を入れてきび砂糖をまぶし、30分以上水分が出てくるまでおいておく。
3. 2の鍋に水と唐辛子、ブラックペッパー、シナモンカシア、クローブ、ローリエ、レモングラスを加え中火にかける。沸騰したら弱火にして、アクを取りながら20分程煮る。
4. レモンピューレとライム汁、レモン、ライムを加えて混ぜ、ひと煮立ちさせる。
5. 冷めたら、瓶などに入れて保存する。

材料（ジンジャーシトラスエスプーマ）

ライム汁‥‥‥‥‥‥‥‥‥‥50g
レモンピューレ‥‥‥‥‥‥‥50g
ジンジャーシロップ（MATERIAL）60g
シュガーシロップ‥‥‥‥‥‥40g
水‥‥‥‥‥‥‥‥‥‥‥‥560g
プチドリップ（液量の4%）‥‥30g

1. ボトルにライム汁とレモンピューレ、ジンジャーシロップ、シュガーシロップ、水、プチドリップを入れ、フタをしてよく振り混ぜ合わせる。

材料（ドリンク1杯分）

ビールベース‥‥‥‥‥‥‥180g
ジンジャーシロップ（MATERIAL）50g
ジンジャーシトラスエスプーマ
（MATERIAL）‥‥‥‥‥‥‥50g

COLD

1. グラスにビールベースとジンジャーシロップを注ぎ、軽く混ぜ合わる。
2. ジンジャーシトラスエスプーマをのせる。

食中　単体　NON-ALCOHOLIC

ソバーシャンディー

柑橘と生姜のエスプーマに
苦味を効かせたビールベースとジンジャーをプラス!

食前　　食中　　食後　　単体

ALCOHOLIC

ウーシャンフェンビア

5つ以上の香辛料からなる五香粉。
一般的にビールには使用しないスパイスを
加えて深みをプラス。
オレンジとアプリコットでフルーティーな味わいに。

材料（ドリンク1杯分）

アプリコットジャム	20g
オレンジジュース	40ml
ビール	280ml
五香粉	適量

COLD

1. アプリコットジャムとオレンジジュースを混ぜて、グラスに注ぐ。

2. 1にビールを注ぎ、五香粉をふる。

BASE
ALCOHOLIC
ビール

BASE

NON-ALCOHOLIC

ビール
ベース

材料（ドリンク1杯分）

ビールベース	30ml
はちみつ	25g
クローブパウダー	少々
水	300ml
ドライアプリコット	20g
ドライオレンジ	20g

COLD

1. ビールベースとはちみつ、クローブ
   パウダーを鍋に入れて火にかけ、
   はちみつを溶かして冷ましておく。

2. 水にドライアプリコットとドライオレ
   ンジを入れ、フォンダンウォーター
   をつくり炭酸にする。

3. **2** に **1** を注ぐ。

食前　食中　食後　単体

NON-ALCOHOLIC

アプリコットオレンジビア

ドライフルーツをフォンダンウォーターにしてから
炭酸にすることで香りが炭酸の泡と共に弾けて
ビールベースを引き立てる。

ビールを使ったカクテル＆シミラードリンク

Part 3

by Tanaka

ミチェラーダ

メキシコの定番ビアカクテル。
トマトとリーペリンやチリソースのスパイス感
塩味とライムの酸味が後をひく。

材料（ドリンク1杯分）
キーライム ……………………………………… 1/2個
タヒンスパイス ………………………………… 適量
トマトジュース ………………………………… 160g
リーペリンソース ……………………………… 大さじ1
チリソース ……………………………………… 少々
メキシコビール ………………………………… 1本

COLD
1. キーライムを1/2にカットして、グラスに回しあて、タヒンスパイスをグラスのフチにつける。
2. トマトジュースとリーペリンソース、チリソースをグラスに加える。
3. メキシコビールを注ぎ、グラスのフチにキーライムを飾る。

BASE
ALCOHOLIC
ビール

by Tanaka

スパイシートマトビア

キーライムを主役にすることで爽やかな後味。
濃く深いビールベースを
より楽しめるバランスに仕上げる。

材料（ドリンク1杯分）
キーライム ……………………………………… 1個
タヒンスパイス ………………………………… 適量
トマトジュース ………………………………… 60ml
チリソース ……………………………………… 少々
リーペリンソース ……………………………… 2g
ビールベース …………………………………… 120ml

COLD
1. キーライムを1/2にカットしてグラスに回しあて、タヒンスパイスをグラスのフチにつける。
2. グラスに氷（分量外）とトマトジュース、チリソース、リーペリンソース、ビールベースを順に注ぐ。
3. キーライムを絞り入れる。

BASE
NON-ALCOHOLIC
ビール
ベース

ワインを使った
カクテル＆シミラードリンク

Alcoholic

Non Alcoholic

ワインの品種や産地をしっかり把握して
作りたいドリンクごとに合った香りの
ノンアルコールワインベースを作りましょう。
渋みや風味のニュアンスも意識してみて。

ワインについて

ワインは種類によって、香りや味わいの特徴が異なります。
作りたいワインの特色を把握して、必要な要素を考えます。イメージができたら、
材料を合わせてワインの香りに近づけていきましょう。

ワインベース

ワインにはさまざまな種類があり、世界各国で生産されています。同じブドウの木でも生産地や、土壌でまったく香りが変わります。ベースを作る際には、果実味豊かなワインやスパイシーなワインなど、どのワインに近づけるか考えることが重要です。どのような複雑味を持たせるのかなど、作りたいワインの特徴から導き出せます。果実味ならフレッシュフルーツかドライフルーツ。スパイシーさなら香辛料。複雑味を出すには花やハーブなどを使います。

赤ワインに近づけるためには、樽の香りに近い

バニラやココナッツ、トーストやクローブ。タンニンは、ウバなどのタンニンが強い紅茶を使います。渋いだけだと飲みにくいので、甘味を足してバランスを取って仕上げます。さらに、味覚のバランスを整えることで香りを感じやすくなり、ワインらしさが増します。

ただワインの香りに近づけすぎても、シミラードリンクを飲む人が楽しめません。そのためブドウジュースに香りをつけて、ワインに近づけるのが理想的だと考えました。

ワインの特徴

ワインは暖かい地域の方が日光を浴びて、ブドウが良く育ち熟していきやすいです。ブドウは熟すにつれて糖分が増し、酸度が低くなります。

暖かい地域のワインは、果実味が豊かでまろやかになります。冷涼な地域のワインは、酸味がしっかりして、ボリューム感よりも優雅な香りに仕上がります。

育てる土壌が悪いと、ブドウは力強く育つ傾向があります。たとえば、水捌けの良い土壌だと根っこをしっかり張り、栄養を吸収しようとする

結果、香りが豊かなブドウが育ちます。さらに気候や天候、土壌、地形に加えて、作り手によっても味わいが変わります。栽培方法やワインの仕込み方、熟成方法などさまざまな要因で、ワインの仕上がりは良くも悪くも変化するのです。

ワインのようなシミラードリンクを作るには、ワインを分析することで完成に近づけることができます。赤ワインなのか白ワインなのか、どのような国のどういう地域のワインなのか、それらがイメージができると作りやすくなります。

食中 単体 **ALCOHOLIC**

☑ Restaurant ☐ Cafe ☐ Izakaya ☐ Bar

by Katakura

スパークリング プラムワイン

シャルドネのワインに梅とアガベシロップをMIX。
酸味を楽しむワインカクテルの完成。

材料（ドリンク1杯分）
うめ果汁 ······························10ml
ワイン（シャルドネ）···············100ml
アガベシロップ ·······················5ml
金箔 ···································適量

COLD
1. ソーダストリームにうめ果汁とワイン、アガ
   ベシロップを入れ、炭酸を充填する。
2. グラスに1を注ぎ、金箔をふる。

BASE
ALCOHOLIC
白ワイン

食中 単体 NON-ALCOHOLIC

☑ Restaurant ☐ Cafe ☐ Izakaya ☐ Bar

by Katakura

シトラスプラム

微発泡のブドウジュースに梅を合わせて
柑橘の皮を削れば、フレッシュな香りが広がる。

材料（ドリンク1杯分）
セミヨンスパークリングジュース ··········150ml
うめ果汁 ·······························15ml
レモンゼスト ···························適量
ビターオレンジゼスト ···················適量
ベルガモットゼスト ·····················適量

COLD
1. グラスに氷（分量外）とセミヨンスパークリ
   ングジュース、うめ果汁を注ぎ軽く混ぜ合わ
   せ、柑橘系の皮を削る。

BASE
NON-ALCOHOLIC
セミヨン
スパークリング
ジュース

ワインを使ったカクテル&シミラードリンク

Part 4

材料（ドリンク1杯分）
ジン ─────────────── 40ml
レモンピューレ ───────── 20ml
アガベシロップ ───────── 10g
スパークリングワイン ───── 100ml

COLD

1. ジンとレモンピューレ、アガベシロップをシェークし、シャンパングラスに注ぐ。

2. 冷やしたスパークリングワインを注いで、ステアする。

BASE
ALCOHOLIC
スパークリング
ワイン

食前　食中　食後　単体

ALCOHOLIC

フレンチ75

ジンのジュニパーベリーの香りと
スパークリングワインの泡が爽やかな飲み心地。
ジンに合わせて甘味はアガベシロップをセレクト。

食前　食中　食後　単体

NON-ALCOHOLIC

ハーバルスパーク

ローズマリーとグラニュー糖をペストルで擦ることで
液体に香りを移す。トニックウォーターがジンの様な
ニュアンスになり香りが豊かに広がる。

BASE
NON-ALCOHOLIC
セミヨン
スパークリング
ジュース

材料（ドリンク1杯分）
ローズマリー 3本
グラニュー糖 2g
セミヨンスパークリングジュース 50ml
トニックウォーター 50ml

COLD
1. ローズマリー2本分の葉と、グラニュー糖をシェーカー
に入れ、ペストルで擦り合わせる。
2. 1にセミヨンスパークリングジュースと、トニックウォー
ターを注ぐ。
3. グラスに氷（分量外）を入れて2を注ぎ、ローズマリー
を飾る。

食前　食中　食後　単体

ALCOHOLIC

フーゴ

エルダーフラワーのもつマスカットの様な香りのシロップと
ミントの爽快感が美味しさの秘訣。
白ワインとライムの絶妙なバランスも魅力。

BASE

ALCOHOLIC

白ワイン

MATERIAL

材料（エルダーフラワーシロップ）
エルダーフラワー（ドライ） ……………10g
水 ……………………………………500ml
グラニュー糖 ……………………………100g
レモンピューレ ……………………………20g

1. 専用袋にエルダーフラワーと水を
　　入れ真空にし、半日漬ける。
2. 1をこして温めて、グラニュー糖を
　　溶かす。
3. レモンピューレを入れて、冷ます。

材料（ドリンク1杯分）
白ワイン ……………………………………80ml
ミント ………………………………………2g
エルダーフラワーシロップ
（MATERIAL） ………………………………80g
ライム果汁 ………………………………10ml
ライム（スライス） ……………………1/2枚

COLD
1. 白ワインにミントを浸して、香りを
　　移す。
2. 1にエルダーフラワーシロップを合
　　わせて、ライム果汁を絞り入れ、ド
　　リンクメイトで炭酸にする。
3. グラスに2を注ぎ、ライムを飾る。

材料（ドリンク1杯分）

ライム（スライス1/4カット）	2枚分
セミヨンスパークリングジュース	80g
エルダーフラワーシロップ（P.082参照）	60g
ミント	2g

COLD

1. グラスに氷（分量外）と、ライムを散らばせて入れる。

2. **1**にセミヨンスパークリングジュースとエルダーフラワーシロップを注ぎ、ミントをのせる。

BASE
NON-ALCOHOLIC
セミヨン
スパークリング
ジュース

食前　食中　食後　単体

NON-ALCOHOLIC

マスカットミント
ジュレップ

スパークリングのグレープジュースをベースに
エルダーフラワーの余韻と
たっぷりのフレッシュミントが香るハーバルドリンク。

食中　単体　**ALCOHOLIC**

オペレーター

白ワインにジンジャーと炭酸をMIXすることで
ソフトドリンクのような清涼感と
サッパリとした口当たりのカクテルに。

材料（ドリンク1杯分）

白ワイン（ソーヴィニヨン・ブラン）	90ml
ジンジャーシロップ（P.073参照）	10ml
強炭酸	100ml
レモンピューレ	適量
レモン（スライス）	適量
ミントリーフ	適量

COLD

1. グラスに氷（分量外）と白ワイン、ジンジャーシロップ、強炭酸、レモンピューレを入れ、軽く混ぜ合わせる。

2. レモンとミントリーフを飾る。

BASE
ALCOHOLIC
白ワイン

BASE

NON-ALCOHOLIC

セミヨン
スパークリング
ジュース

材料（ドリンク1杯分）
セミヨンスパークリングジュース ……190g
ジンジャーシロップ（P.073参照）……10g
レモングラス（根）……………………1本
ディル ……………………………………1本
レモンピール ……………………………適量

COLD

1. グラスに氷（分量外）とセミヨンスパー
   クリングジュース、ジンジャーシロップ
   を入れ、軽く混ぜ合わせる。
2. レモングラスとディル、レモンピール
   を飾る。

食中　単体　NON-ALCOHOLIC

ジンジャー
グレープ

セミヨン種のジュースにジンジャーとハーブ、
炭酸を組み合わせて
複雑な味わいと香りに仕上げる。

ワインを使ったカクテル＆シミラードリンク

Part 4

○ BASE
ALCOHOLIC
白ワイン

MATERIAL

材料（煎茶白ワイン）
白ワイン ································130ml
萎凋煎茶 ·······························5g

1. デキャンタに白ワインと萎凋煎茶を
　　入れて1時間程、浸漬しておく。

MATERIAL

材料（煎茶ソーダ）
萎凋煎茶 ·······························5g
炭酸水 ·································80ml

1. 炭酸水に萎凋煎茶を加えて、浸し
　　ておく。

材料（ドリンク1杯分）
煎茶白ワイン（**MATERIAL**）·······100g
煎茶ソーダ（**MATERIAL**）·········50g
柚子ピール ·····························適量

COLD
1. グラスに氷（分量外）を入れる。
2. 煎茶白ワインと煎茶ソーダを注ぎ
　　入れる。柚子ピールを飾る。

食中　**ALCOHOLIC**

煎茶スプリッツァ

煎茶を軸にしたスプリッツァ。萎凋工程を経て、
華やかな香りがする煎茶をそれぞれのベースに
漬け込むことで一体感を生む。

材料（ドリンク1杯分）
セミヨンスパークリングジュース···100g
煎茶ショット·······················20g
煎茶シロップ·······················5g
煎茶ソーダ（P.086参照）············50g
山椒·······························適量
すだち（カット）···············1〜2個分

COLD

1. グラスに氷（分量外）を入れる。
2. セミヨンスパークリングジュースと
   煎茶ショット、煎茶シロップ、煎茶
   ソーダを注ぐ。
3. すだちを飾る。

食中　　NON-ALCOHOLIC

煎茶スカッシュ

ワイン品種のブドウを軸に
煎茶を組みわせて飲みやすいカクテルに。
炭酸と山椒で軽快な味わい。

BASE
NON-ALCOHOLIC
セミヨン
スパークリング
ジュース

ワインを使ったカクテル＆シミラードリンク

Part 4

BASE
ALCOHOLIC
赤ワイン

単体　**ALCOHOLIC**

クラフトキティ

赤ワインのベースに夏ミカンのさっぱりとした酸味と
生姜のスパイシーさがアクセントに。
お酒が苦手でも飲みやすいドリンク。

材料（ドリンク1杯分）
夏ミカンピューレ ……………… 10g
柚子ピューレ …………………… 5g
赤ワイン ………………………… 90ml
ジンジャービア ………………… 70ml
炭酸水 …………………………… 20ml

COLD
1. グラスに氷（分量外）を入れ、夏ミカ
ンピューレと柚子ピューレ、赤ワイ
ンを注ぎ、ステアする。
2. ジンジャービアと炭酸水を注ぎ、軽
くステアする。

材料（ドリンク1杯分）
夏ミカンピューレ ……………………10g
柚子ピューレ ………………………5g
オレンジシロップ（P.053参照）……10g
ノンアルコール赤ワイン ……………80g
ジンジャーエール ……………………70g
ドライオレンジ ………………………少々

単体 **NON-ALCOHOLIC**

シトラスクーラー

思わず飲み干したくなる一杯。
柑橘とブドウの異なる酸味を
ジンジャーエールが引き締める。

COLD
1. グラスに氷（分量外）を入れ、夏ミカンピューレと柚子ピューレ、オレンジシロップ、ノンアルコール赤ワインを注ぎステアする。
2. ジンジャーエールを注ぎ、軽くステアし、ドライオレンジを飾る。

BASE
NON-ALCOHOLIC
ノンアルコール
赤ワイン

ワインを使ったカクテル＆シミラードリンク

Part 4

食前　食中　食後　単体

ALCOHOLIC

ポニーテール

3種のフルーツで酸味と甘味のバランスを
合わせたフルーティーな仕上がり。
ピューレの軽いトロミがなめらかな飲み口に。

材料（ドリンク1杯分）
あまおうピューレ ………………… 20g
カシスピューレ …………………… 10g
グレナデンジュース ……………… 30ml
赤ワイン …………………………… 60ml

COLD

1. あまおうピューレと、カシスピューレ
を混ぜ合わせる。

2. グラスに氷（分量外）を入れる。

3. **2** に **1** とグレナデンジュース、赤ワ
インを注ぐ。

BASE
ALCOHOLIC
赤ワイン

材料（ドリンク1杯分）
カベルネソーヴィニョンピューレ………………30g
カシスピューレ………………………………20g
冷凍カットストロベリー………………………50g
グレナデンジュース……………………………100ml

COLD
1. カベルネソーヴィニョンピューレと、カシス
　　ピューレを混ぜ合わせる。
2. グラスに冷凍カットストロベリーを入れる。
3. **2** に **1** と、グレナデンジュースを注ぐ。

BASE
NON-ALCOHOLIC
カベルネ
ソーヴィニョン
ピューレ

食前　食中　食後　単体

NON-ALCOHOLIC

レッドフルーツワイン

フローズンストロベリーを底に入れて
カベルネソーヴィニョンピューレが入った液体部分を
混ぜながら飲むことで、味わいの変化を楽しめる。

ワインを使ったカクテル＆ミラードリンク

Part 4

BASE

ALCOHOLIC

赤ワイン

材料（カシスソース）

カシスピューレ⋯⋯⋯⋯⋯⋯⋯⋯200g
グラニュー糖⋯⋯⋯⋯⋯⋯⋯⋯⋯100g
レモンピューレ⋯⋯⋯⋯⋯⋯⋯⋯⋯10g

1. 鍋にカシスピューレとグラニュー糖、
　レモンピューレ5gを入れ、中火に
　かけてグラニュー糖が溶けるまで
　煮溶かす。
2. 1のグラニュー糖が溶けたら、氷
　水にあてて冷やし残りのレモン
　ピューレ5gを入れて混ぜる。

材料（ドリンク1杯分）

赤ワイン（カベルネソーヴィニョン）⋯90ml
カシスソース（**MATERIAL**）⋯⋯⋯⋯10g

COLD

1. グラスに赤ワインとカシスソースを
　入れて、混ぜ合わせる。

食後　　単体　　**ALCOHOLIC**

カーディナル

赤ワインに甘酸っぱいカシスピューレを加えて
果実の繊細な味わいを引き出したワインカクテルに。

材料（赤ワインベース）	
ウバ	6g
カカオハスク	4g
シナモンカシア	2g
ペパーミント	0.5g
ローズマリー	0.5g
水	200g
カベルネソーヴィニョン ピューレ	800g

MATERIAL

1. 鍋にウバとカカオハスク、シナモンカシア、ペパーミント、ローズマリー、水を入れて火にかけ、沸騰させる。
2. 沸騰したら弱火にして、半量になるまで煮詰める。
3. 氷（分量外）を入れたボウルに **2** を入れて急速に冷やしてから、さらしでこす（水分が足りないときは200gになるように加水する）。
4. **3** とカベルネソーヴィニョンピューレを混ぜ合わせる。

（食後）（単体）（ NON-ALCOHOLIC ）

ベリーグレープ

カベルネソーヴィニョンピューレに
香辛料やハーブを使ったベースに
カシスを合わせた、フルーティーさが魅力。

材料（ドリンク1杯分）	
赤ワインベース（**MATERIAL**）	80ml
カシスピューレ	20ml
シナモンスティック	1本
ナツメグ	適量
黒コショウ	適量

COLD

1. グラスに氷（分量外）と赤ワインベース、カシスピューレを入れて、混ぜ合わせる。
2. シナモンスティックを入れナツメグと黒コショウを削りかける。

BASE
NON-ALCOHOLIC
赤ワイン
ベース

ワインを使ったカクテル＆シミラードリンク

Part 4

(BASE)
ALCOHOLIC
赤ワイン

食前   食中   単体

ALCOHOLIC

ワイン・コブラー

赤ワインにグランマルニエのオレンジの香りが◎。
レモンにクラッシュアイスを加えた
コブラースタイルカクテル。

材料（ドリンク1杯分）
赤ワイン（カベルネソーヴィニョン）……90ml
グランマルニエ……20ml
ジャバラ汁（ビターオレンジ）……10g
レモンピューレ……10g
レモンピール……1枚

COLD
1. グラスにクラッシュアイス（分量外）と赤ワイン、グランマルニエ、ジャバラ汁、レモンピューレを入れ、混ぜ合わせる。
2. レモンピールを飾る。

MATERIAL

材料（カベルネソーヴィニヨンソース）

カベルネソーヴィニヨンピューレ	200g
グラニュー糖	100g
レモンピューレ	10g

1. 鍋にカベルネソーヴィニヨンピューレとグラニュー糖、レモンピューレ 5gを入れ、中火にかけてグラニュー糖が溶けるまで煮溶かす。

2. 1のグラニュー糖が溶けたら氷水にあてて冷やし、残りのレモンピューレ5gを入れて混ぜる。

材料（ドリンク1杯分）

カベルネジュース	80ml
カベルネソーヴィニヨンソース（**MATERIAL**）	20g
ジャバラ汁（ビターオレンジ）	1/2個分
レモンピューレ	5g

COLD

1. グラスに氷（分量外）を入れ、カベルネジュースとカベルネソーヴィニヨンソース、ジャバラ汁、レモンピューレを入れて混ぜ合わせる。

2. ジャバラを絞った皮の半分を飾る。

BASE

NON-ALCOHOLIC

カベルネジュース

食前　食中　単体

NON-ALCOHOLIC

グレープ・コブラー

ブドウジュースとピューレに、苦味の効いた
ジャバラを合わせてスッキリとした味わいのドリンクに。

ワインを使ったカクテル＆シミラードリンク

Part 4

095

食前　食中　食後　単体

ALCOHOLIC

濁りプラムロゼワイン

甘酒の自然で優しい甘さに梅のスッキリとした
酸味を足すことで濁りワインを表現。

材料（ドリンク1杯分）
梅ピューレ ·················· 5ml
甘酒 ························· 40ml
ロゼワイン ·················· 60ml

COLD
1. 梅ピューレに甘酒を溶かす。
2. 1をグラスに入れ、ロゼワインを注
ぎ入れる。

BASE
ALCOHOLIC
ロゼワイン

材料（甘酒ゼリー）
グラニュー糖 ……………………… 25g
アガー …………………………………… 5g
甘酒 ………………………………… 250g
梅ピューレ …………………………… 20g

1. グラニュー糖とアガーを混ぜる。
2. 鍋に甘酒と、梅ピューレを混ぜて **1** を入れる。
3. 混ぜながら温め、沸騰したら弱火で1〜2分加熱する。粗熱が取れるまで冷まし、冷蔵庫に入れて冷やす。

材料（ドリンク1杯分）
甘酒ゼリー（**MATERIAL**）………… 100g
メルロージュース …………………… 50ml
梅フレーク …………………………… 適量

COLD
1. 甘酒ゼリーをグラスに入れる。
2. メルロージュースを注ぎ、梅フレークをのせる。

食後　単体　NON-ALCOHOLIC

甘酒ゼリー イン梅ワイン

甘酒と梅を合わせたピンク色のゼリーの
なめらかな食感とメルローの
組み合わせに惹きつけられる。

BASE
NON-ALCOHOLIC
メルロー
ジュース

by Tanaka

食後 単体 **ALCOHOLIC**

フロゼ

ロゼワインに白桃とラズベリーピューレを混ぜて凍らせたジェラート状フローズンカクテル。

MATERIAL

材料（フランボワーズソース）
フランボワーズピューレ··················100g
グラニュー糖·······························50g
レモンピューレ······························5g

1. 鍋にフランボワーズピューレとグラニュー糖を入れて火にかけて溶かす。レモンピューレを混ぜて冷まし、冷蔵庫で冷やす。

材料（ドリンク1杯分）
ロゼワイン································250ml
白桃ピューレ·····························300g
フランボワーズソース（**MATERIAL**）·····25g
ラズベリーソース··························適量

COLD
1. ロゼワインと白桃ピューレ、フランボワーズソースを合わせて凍らせる。
2. 1をスプーンで削ってグラスに入れ、ラズベリーソースをかける。

BASE
ALCOHOLIC
ロゼワイン

---

by Tanaka

食後 単体 NON-ALCOHOLIC

ピンクフローズン

グレープジュースのキレイなロゼの色を
そのままフローズンに。酸味のある爽やかな後味。

材料（ドリンク1杯分）
カベルネジュース···························250ml
白桃ピューレ·····························250g
冷凍ラズベリー····························50g
冷凍ブラックベリー·························50g

COLD
1. カベルネジュースと白桃ピューレを合わせて凍らせる。
2. 1をスプーンで削って、冷凍ラズベリーと冷凍ブラックベリーを交互にグラスに入れる。

BASE
NON-ALCOHOLIC
カベルネ
ジュース

スタンダードな
ノンアルコールドリンクを
アルコールで

Alcoholic

Non Alcoholic

これまで紹介してきたレシピとは反対に
ソフトドリンクを元にして、カクテルにアレンジすることも可能です。
追加するアルコールの特色を理解して材料を選び
香りや味わいの表現を考えて、調和するドリンクに仕上げましょう。

食中　NON-ALCOHOLIC

シトラスほうじ茶

異なる品種の柑橘を複雑に使ったドリンク。
不知火の酸味と甘み、はっさくの爽やかな渋みが
香ばしいほうじ茶を彩る。

材料（スパイスほうじ茶）

水	300ml
ほうじ茶	10g
ラムレーズン	10g
バニラ	1本
シナモン	1本
クローブ	4粒

1. 鍋に水とほうじ茶、ラムレーズン、バニラ、シナモン、クローブを入れ、火にかける。沸騰したら火を止め、弱火にして15分煮る。
2. 粗熱を取って、冷やす。

材料（ドリンク1杯分）

不知火果汁	30g
はっさく果汁	30g
オレンジシロップ（P.053参照）	10g
スパイスほうじ茶（**MATERIAL**）	80g
キンカン	1個
枝付きチェリー	1個

COLD

1. 氷（分量外）を入れたグラスに不知火果汁とはっさく果汁、オレンジシロップを注ぎ、上からスパイスほうじ茶をフロートする。
2. キンカンと枝付きチェリーを飾る。

MATERIAL

食中　**ALCOHOLIC**

シトラスラムほうじ茶

ほうじ茶の香ばしさと相性の良いラムを加え
柑橘とスパイスで香りを強める。
甘みを強めて仕上げても◎。

BASE
ALCOHOLIC
ラム

材料（ドリンク1杯分）

ラム	20g
不知火果汁	20g
はっさく果汁	20g
オレンジシロップ（P.053参照）	5g
スパイスほうじ茶（P.100参照）	80g
キンカン	1個

COLD

1. 氷（分量外）を入れたグラスにラム
と不知火果汁、はっさく果汁、オ
レンジシロップを注ぎ、上からスパ
イスほうじ茶をフロートする。

2. キンカンを飾る。

スタンダードなノンアルコールドリンクをアルコールで

Part 5

101

MATERIAL

材料（アイス小豆茶）

小豆茶パック ·································· 10g
お湯（熱湯） ·································· 100g
氷 ··· 50g
水 ··· 50g

1. ティーポットに小豆茶と、沸騰した
お湯を入れ3分蒸らす。
2. 1に氷と水を入れ、急速に冷やす。
3. 2が冷えたら、小豆茶パックを取
り出す。

MATERIAL

材料（ブラッドオレンジソース）

ブラッドオレンジピューレ ·········· 200g
グラニュー糖 ······························· 100g
レモンピューレ ····························· 10g

1. 鍋にブラッドオレンジピューレとグラ
ニュー糖、レモンピューレ5gを入
れ中火にかけ、グラニュー糖が溶
けるまで煮溶かす。
2. 1のグラニュー糖が溶けたら、氷
水にあてて冷やして残りのレモン
ピューレ5gを入れて混ぜる。

材料（ドリンク1杯分）

ブラッドオレンジソース
（**MATERIAL**） ························· 50ml
アイス小豆茶（**MATERIAL**） ····· 150ml

COLD

1. グラスに氷（分量外）とブラッドオレ
ンジソース、アイス小豆茶を入れ
混ぜ合わせる。

（食中）　**NON-ALCOHOLIC**

ブラッドオレンジ
小豆茶

甘酸っぱいブラッドオレンジソースには
相性抜群の小豆茶をセレクト！

食中   **ALCOHOLIC**

ブラッドオレンジ 芋焼酎

芋焼酎に合う柑橘に小豆茶の香りを
プラスしてまとめた焼酎カクテル。

BASE
ALCOHOLIC
焼酎

材料（ドリンク1杯分）

芋焼酎 ……………………………80ml
ブラッドオレンジソース
（P.102参照）………………………20ml
アイス小豆茶（P.102参照）……100ml
シナモン ……………………………1本
ローズマリー ………………………1枝

COLD

1. グラスに氷（分量外）と芋焼酎、ブ
   ラッドオレンジソース、アイス小豆
   茶を入れ混ぜ合わせる。
2. シナモンとローズマリーを飾る。

スタンダードなノンアルコールドリンクをアルコールで

Part 5

103

材料（ドリンク1杯分）
はちみつ ···················· 30ml
クエン酸 ······················ 3g
お湯（熱湯）················· 30g
炭酸水 ······················ 150ml
タイム ························ 適量

COLD

1. ショットグラスにはちみつとクエン酸を入れ、お湯を注ぐ。よく混ぜ、溶かす。
2. 氷（分量外）を入れたグラスに炭酸を入れ、上から**1**を注ぐ。タイムを飾る。

（食前）（食中）（NON-ALCOHOLIC）

クエン酸スカッシュ

クエン酸が疲れた身体に沁み込む一杯。
夏の暑い日に飲みたくなるさっぱりとした味わいが魅力。

食前　食中　**ALCOHOLIC**

シトラスミードソーダ

はちみつの酒ミードを加えた大人のレモンなしスカッシュ。
飲みやすくスッキリ楽しめる。

BASE

ALCOHOLIC

はちみつ酒

材料（ドリンク1杯分）

はちみつ	30g
クエン酸	3g
お湯（熱湯）	30g
炭酸水	100g
ミード	50g
柚子ピール	適量
タイム	適量

COLD

1. ショットグラスにはちみつとクエン酸を入れ、お湯を注ぐ。よく混ぜ、溶かす。
2. 氷（分量外）を入れたグラスに炭酸水とミードを入れ、上から**1**を注ぐ。柚子ピールとタイムを飾る。

スタンダードなノンアルコールドリンクをアルコールで

Part 5

食中 **NON-ALCOHOLIC**

河内晩柑トニック

爽やかな渋みが美味しい和製グレープフルーツ
「河内晩柑」を使用したドリンク。
青森ヒバを飾って香りを高める。

材料（ドリンク1杯分）

河内晩柑ジュース	50g
トニックウォーター	100g
岩塩	少々
ヒバの木	適量

COLD

1. グラスに河内晩柑ジュースとトニックウォーター、岩塩を入れる。
2. 炙ったヒバの木を添える。

材料（ドリンク1杯分）

ジン	30g
河内晩柑ジュース	60ml
トニックウォーター	120ml
岩塩	少々
ヒバの木	適量

COLD

1. グラスにジンと河内晩柑ジュース、トニックウォーター、岩塩を入れる。
2. 炙ったヒバの木を添える。

BASE
ALCOHOLIC
ジン

食中　　**ALCOHOLIC**

河内晩柑ジントニック

夏に飲みたくなる爽快なジントニック。
清涼感のある渋みとハーバルさがクセになる。

スタンダードなノンアルコールドリンクをアルコールで

Part 5

単体 **NON-ALCOHOLIC**

エキゾチック チョコラータ

オレンジの花の蒸留水と、スパイスを加えた
エキゾチックなチョコラータ。チョコレートにこだわって
バリエーションを生み出す。

材料（ドリンク1杯分）

ビーントゥバーチョコレート	50g
牛乳	120g
オレンジブロッサムウォーター	5ml
コリアンダーパウダー	適量
カルダモンパウダー	適量
粉糖	適量

COLD

1. ビーントゥバーチョコレートと牛乳、オレンジブロッサムウォーターを手鍋に入れ、ホイッパーで撹拌しながら溶かす。

2. 80℃近くまで温まってきたところで、茶こしを使ってカップに注ぐ。

3. コリアンダーパウダーとカルダモンパウダー、粉糖をふりかけ、飾る。

材料（ドリンク1杯分）

ビーントゥバーチョコレート	50g
牛乳	100g
オレンジブロッサムウォーター	5ml
ラム	20g
生クリーム（8分立て）	30g
コリアンダーパウダー	適量
カルダモンパウダー	適量
カカオニブ	適量
粉糖	適量

HOT

1. ビーントゥバーチョコレートと牛乳、オレンジブロッサムウォーター、ラムを手鍋に入れ、ホイッパーで撹拌しながら溶かす。
2. 80℃近くまで温まってきたところで、茶こしを使ってカップに注ぐ。
3. 生クリームとコリアンダーパウダー、カルダモンパウダー、カカオニブ、粉糖を順に飾る。

BASE
ALCOHOLIC
ラム

単体　ALCOHOLIC

スパイスラムチョコラータ

ラムを加えた大人のチョコレートドリンク。
好みでクリームを加えることで、まろやかで飲みやすくなる。

スタンダードなノンアルコールドリンクをアルコールで

Part 5

単体 NON-ALCOHOLIC

ストロベリーグレープ

カベルネ・ソーヴィニョンに
イチゴの中でも香りが良い
あまおうを合わせたアイスティー。

MATERIAL

材料（あまおうソース）

無糖あまおうピューレ················200g
グラニュー糖·······················200g
レモンピューレ······················10g

1. 鍋に無糖あまおうピューレとグラ
ニュー糖、レモンピューレ5gを入
れて中火にかけ、グラニュー糖が
溶けるまで煮溶かす。

2. 1のグラニュー糖が溶けたら氷
水にあてて冷やし、残りのレモン
ピューレ5gを入れて混ぜる。

材料（ドリンク1杯分）

あまおうソース（**MATERIAL**）·········15g
カベルネソーヴィニョンソース
（P.095参照）·······················15g
リキッドアールグレイティー············70g

COLD

1. グラスに氷（分量外）を入れ、あま
おうソースとカベルネソーヴィニョ
ンソース、リキッドアールグレイ
ティーを注ぐ。

単体　**ALCOHOLIC**

ストロベリーワイン

さっぱりと飲みやすいシャルドネの白ワインに
イチゴを合わせたスイーツワイン。

BASE
ALCOHOLIC
白ワイン

材料（ドリンク1杯分）
あまおうソース（P.110参照）………30g
白ワイン（シャルドネ）……………100g

COLD
1. グラスにあまおうソースを注ぎ、静
　かに白ワインをフロートさせる。

MATERIAL

材料（京番茶スパイスシロップ）

クローブ	15粒
唐辛子	1本
カルダモン	10粒
シナモン	1本
京番茶	25g
水	500ml
三温糖	80g

1. クローブの花の部分を取り除き、唐辛子の種を抜く。カルダモンは切り目を入れ、シナモンは砕いておく。
2. 1に京番茶と水を入れて火にかけ、沸騰したら火を止めて10分程蒸らす。三温糖を入れて溶かす。

材料（ドリンク1杯分）

京番茶スパイスシロップ（**MATERIAL**）	80ml
レモンピューレ	20ml
炭酸水	100ml
ドライレモン	1枚

COLD

1. グラスに氷（分量外）を入れ、京番茶スパイスシロップとレモンピューレ、炭酸水を注ぐ。
2. ドライレモンを飾る。

食中　食後　単体　**NON-ALCOHOLIC**

京番茶スパイスソーダ

スモーキーな香りの京番茶にスパイスを煮出した
シロップのティーソーダで奥深い味わい。
2層で仕上げ、混ぜながら楽しむ。

スパイスと茶葉を水から煮出す。

MATERIAL

材料（スパイスソーダ）

クローブ ··15粒
唐辛子 ··1本
カルダモン ·······································10粒
シナモン ··1本
ドライオレンジピール ·····················10g
水 ···300g

COLD

1. クローブの花の部分を取り除き、唐辛子の種を抜く。カルダモンは切り目を入れ、シナモンは砕く。
2. 鍋に**1**と水を入れて、火にかけ煮出す。沸騰したらそのまま冷まし、こしたものをドリンクメイトで炭酸にする。

材料（ドリンク1杯分）

ウィスキー ·······································50ml
スパイスソーダ（**MATERIAL**）·······100ml
オレンジスライス ·····························1枚

COLD

1. グラスに氷（分量外）とウィスキー、スパイスソーダを順に入れてステアする。
2. 切り込みを入れ成形したオレンジを**1**にのせる。

BASE

ALCOHOLIC

ウィスキー

食中　食後　単体

ALCOHOLIC

スパイス
スモーキーソーダ

スパイスとオレンジピールを煮出したお茶を
ソーダにし、スパイシーな香りのハイボールに。
オレンジを絞って飲むのもおすすめ。

スタンダードなノンアルコールドリンクをアルコールで

Part 5

食後　　単体　　NON-ALCOHOLIC

ドライフルーツ
ティー

ドライフルーツとシナモンを煮出し
アールグレイを合わせる。
カラメルソースの程良い甘味と
コクの調和に魅了される。

材料（ドリンク1杯分）
ドライフルーツ（お好みの5種を合わせて）············· 30g
シナモン ·· 1本
アールグレイ ·· 4g
カラメルシロップ ··· 20g

HOT

1. 鍋に水（分量外）とドライフルーツ、シナモンを入れて火にかける。沸騰したら火を止め、そのまま冷ましてからこす。

2. **1**の液体に茶葉を入れ、火にかける。沸騰したら火を止め、3分蒸らしてからこす。

3. カップに**1**のドライフルーツと**2**を注ぎ、カラメルシロップを入れて混ぜる。

材料（ドライフルーツラム酒漬け）

イチヂク……………………………30g
レーズン……………………………30g
杏………………………………………30g
クランベリー………………………30g
オレンジ……………………………30g
ラム酒……………………………200ml

1. ドライフルーツに熱湯（分量外）を回しかけて油分を落とし、キッチンペーパーでしっかり水分をきる。
2. 保存容器に1とラムを入れて、1日浸す。

材料（ドリンク2杯分）

アールグレイ…………………………4g
お湯……………………………………500ml
ドライフルーツラム酒漬け
（MATERIAL）……………………30g
はちみつ………………………………20g
オレンジ（スライス）……………1/2枚

HOT

1. ティーポットにアールグレイと沸騰したお湯を入れ、3分蒸らす。
2. カップにドライフルーツラム酒漬けとはちみつを入れ、1を注ぐ。
3. オレンジを飾る。

BASE
ALCOHOLIC
ラム

（食後）（単体）（**ALCOHOLIC**）

ラム酒漬け
ホットフルーツティー

ラムに漬けたドライフルーツと
アールグレイティー。
さまざまなフルーツの味わいと
芳醇な香りが混ざり合う。

\\ POINT //

ドライフルーツの油分を落としてからラム酒に漬けることで、しっかり浸透する。

by Tanaka

食後 単体 NON-ALCOHOLIC

鴛鴦茶

松の燻香が特徴的な中国紅茶・
ラプサンスーチョンに
濃厚なミルクとエスプレッソをMIX。

材料（ドリンク1杯分）
お湯（熱湯）‥‥‥‥‥‥‥‥‥‥‥‥‥‥‥‥150ml
ラプサンスーチョン‥‥‥‥‥‥‥‥‥‥‥‥‥4g
エスプレッソ‥‥‥‥‥‥‥‥‥‥‥‥‥‥‥‥30ml
はちみつ‥‥‥‥‥‥‥‥‥‥‥‥‥‥‥‥‥‥20g
牛乳（脂肪分4.4％以上）‥‥‥‥‥‥‥‥‥‥100ml

HOT
1. ティーポットにお湯とラプサンスーチョンを入れて、3分蒸らす。
2. 1を耐熱グラスに入れ、エスプレッソとはちみつを入れて混ぜる。
3. 2に温めた牛乳を注ぐ。

by Tanaka

BASE
ALCOHOLIC
ウィスキー

食後 単体 ALCOHOLIC

鴛鴦ウィスキー

アイリッシュウィスキーの樽香と
メープルシロップの香りを
薫香のある紅茶に見立てた鴛鴦カクテル。

材料（ドリンク1杯分）
メープルシロップ‥‥‥‥‥‥‥‥‥‥‥‥‥‥10g
アイリッシュウィスキー‥‥‥‥‥‥‥‥‥‥30ml
エスプレッソ‥‥‥‥‥‥‥‥‥‥‥‥‥‥‥‥30ml
牛乳（脂肪分4.4％以上）‥‥‥‥‥‥‥‥‥‥170ml
カソナード‥‥‥‥‥‥‥‥‥‥‥‥‥‥‥‥‥適量

HOT
1. メープルシロップとアイリッシュウィスキーを溶かし混ぜる。
2. 耐熱グラスに1を入れて、エスプレッソを入れる。牛乳をスチームミルクにして、注ぎ入れる。
3. ミルクの泡の上にカソナードをふりかける。

食後　単体　NON-ALCOHOLIC

コールドブリュー

スッキリとした味わいの水出しコーヒーに
芋蜜で香りとコクをプラス。

材料（ドリンク1杯分）
コーヒー豆（中細挽き）	30g
水	500ml
芋蜜	20g

COLD
1. 挽いたコーヒー豆と水を入れて、10時間以上おく。
2. グラスに氷（分量外）を入れて、芋蜜を入れる。1をこしながら注ぐ。

食中　食後　単体

ALCOHOLIC

コールド焼酎ブリュー

芋焼酎にコーヒー豆を浸して
じっくりと抽出することでまろやかな味わいを楽しめる。

材料（ドリンク1杯分）
芋焼酎	500ml
コーヒー豆（中細挽き）	50ml
水	200ml

COLD
1. 専用袋に挽いたコーヒー豆を入れ、焼酎を注いで真空にする。そのまま3日ほど漬け込む。
2. 1をこして、コーヒー豆を取り除く。
3. グラスに氷（分量外）を入れ、2と水を入れてステアする。

BASE

ALCOHOLIC

焼酎

スタンダードなノンアルコールドリンクをアルコールで

Part 5

117

☑ Restaurant ☑ Cafe ☑ Izakaya ☑ Bar

by Tanaka

混ぜるたび、煎茶に桂花とフルーツの香りが重なり合う、華やかなティードリンク

食前 食中 食後 単体

NON-ALCOHOLIC

MATERIAL

白桃桂花
グリーンティー

材料（白桃ソース）

白桃ピューレ……500g　レモンピューレ…50g
グラニュー糖……250g

1. 鍋に白桃ピューレとグラニュー糖を入れて、火にかける。グラニュー糖を溶かしたら、レモンピューレを入れて混ぜる。
2. 冷ましてから保存する。

材料（ドリンク1杯分）

お湯（熱湯）……200ml　レモングラス………1g
煎茶………………4g　白桃ソース
オレンジピール……3g　（**MATERIAL**）…50g
　　　　　　　　　　　桂花………………1g

COLD

1. 沸騰したお湯に煎茶とオレンジピール、レモングラスを入る。3分蒸らしたら、こして冷ます。
2. グラスに白桃ソースと氷（分量外）、**1**を注ぎ、桂花をふりかける。

☑ Restaurant ☑ Cafe ☑ Izakaya ☑ Bar

by Tanaka

BASE
ALCOHOLIC
桂花陳酒

食前 食中 食後 単体

ALCOHOLIC

白桃桂花

金木犀の香りの桂花陳酒に、白桃とオレンジピール、ハーブ入りの煎茶を合わせる。

材料（ドリンク1杯分）

お湯（熱湯）………………………………200ml
煎茶…………………………………………4g
オレンジピール……………………………3g
レモングラス………………………………1g
桂花陳酒……………………………………30ml
白桃ピューレ………………………………50g
オレンジ（スライス）……………………1/2枚

COLD

1. 沸騰したお湯に煎茶とオレンジピール、レモングラスを入れる。3分蒸らしたら、こして冷ます。
2. グラスに氷（分量外）と桂花陳酒、白桃ピューレを入れる。**1**を注ぎ、ステアする。オレンジを飾る。

食中　単体　**NON-ALCOHOLIC**

ミカンのサンライズ
ソーダ

材料（ドリンク1杯分）
ザクロシロップ（P.048参照）⋯⋯⋯⋯⋯⋯10ml
ザクロジュース⋯⋯⋯⋯⋯⋯⋯⋯⋯⋯⋯⋯20ml
温州ミカンジュース⋯⋯⋯⋯⋯⋯⋯⋯⋯⋯60ml
炭酸水⋯⋯⋯⋯⋯⋯⋯⋯⋯⋯⋯⋯⋯⋯⋯⋯50ml
枝付きチェリー⋯⋯⋯⋯⋯⋯⋯⋯⋯⋯⋯⋯1個

COLD
1. 氷（分量外）を入れたグラスに、ザクロシロップとザクロジュースを順に注ぎ入れ、よく混ぜる。
2. 炭酸水とミカンジュースを順に注ぎ入れ、枝付きチェリーを飾る。

by Fujioka

温州ミカンの甘さにザクロの酸味を加えることで、見た目も華やかな仕上がりに。

食中　単体　**ALCOHOLIC**

ミカンサンライズ

ジンを加えることで、甘味や酸味に渋みが加わり、スッキリと楽しめる一杯。

材料（ドリンク1杯分）
ジン⋯⋯⋯⋯⋯⋯⋯⋯⋯⋯⋯⋯⋯⋯⋯⋯⋯30g
ザクロシロップ（P.048参照）⋯⋯⋯⋯⋯⋯10ml
ザクロジュース⋯⋯⋯⋯⋯⋯⋯⋯⋯⋯⋯⋯10ml
炭酸水⋯⋯⋯⋯⋯⋯⋯⋯⋯⋯⋯⋯⋯⋯⋯⋯50ml
温州ミカンジュース⋯⋯⋯⋯⋯⋯⋯⋯⋯⋯50ml

COLD
1. 氷（分量外）を入れたグラスに、ジンとザクロシロップ、ザクロジュースを順に注ぎ、よく混ぜる。
2. 炭酸水とミカンジュースを順に注ぎ、マドラーを添える。

by Fujioka

スタンダードなノンアルコールドリンクをアルコールで

BASE
ALCOHOLIC
ジン

Part 5

MATERIAL

材料（マンゴーライムソース）

マンゴーピューレ	200g
ライム汁	50g
グラニュー糖	125g
レモンピューレ	5g

1. 鍋にマンゴーピューレとライム汁、グラニュー糖を入れて中火にかける。グラニュー糖が溶けるまで煮溶かす。
2. 1のグラニュー糖が溶けたら氷水にあてて冷やし、レモンピューレを入れて混ぜる。

材料（ドリンク1杯分）

マンゴーライムソース（**MATERIAL**）	100g
レモンピューレ	20g
ライム汁	5g
グラニュー糖	10g
水	150g
レモン（スライス）	2枚

COLD

1. ブレンダーにマンゴーライムソースとレモンピューレ、ライム汁、グラニュー糖、水を入れて撹拌する。
2. グラスに注ぐ。
3. レモンを飾る。

（単体） **NON-ALCOHOLIC**

マンゴーレモネード

マンゴーと相性の良いライムとレモネードで
甘さと酸味のバランスが抜群！夏におすすめのドリンク。

\\ **POINT** //

ブレンダーは低速回転で始めて、氷を粉砕してから高速回転に変えることで、ブレードの高速回転での熱で氷が溶けてしまうことを防ぐ。

BASE
ALCOHOLIC
ラム

材料（ドリンク1杯分）

マンゴーライムソース（P.120参照）⋯ 70g
レモンピューレ ⋯⋯⋯⋯⋯⋯⋯⋯⋯ 5g
水 ⋯⋯⋯⋯⋯⋯⋯⋯⋯⋯⋯⋯⋯⋯ 70g
ダークラム ⋯⋯⋯⋯⋯⋯⋯⋯⋯⋯ 30g
ライム（皮）⋯⋯⋯⋯⋯⋯⋯⋯⋯ 適量

COLD

1. マンゴーライムソースとレモンピュー
レ、水をブレンダーに入れて撹拌
する。

2. グラスに氷（分量外）と**1**を注ぐ。
静かにダークラムをフロートさせ
る。

3. ライムの皮を削る。

単体 **ALCOHOLIC**

ラムマンゴー

ライムネードと合わせやすいダークラムを
マンゴーとMIX。甘い香りの中にある
ライムの苦味がアクセント。

☑ Restaurant ☑ Cafe ☐ Izakaya ☑ Bar

by Katakura

食中 単体 NON-ALCOHOLIC

シトラスハーブ
ウーロン茶

香辛料とハーブ、茶葉で抽出したウーロン茶と
柑橘の爽やかさで、複雑な香りを味わえる。

材料（ドリンク1杯分）
ウーロン茶葉 ·· 4g
キャラウェイ ······································· 0.5g
カルダモン ··· 1g
コリアンダー ··· 1g
ジャバラピール（ビターオレンジ）········· 1切れ
お湯（熱湯）·· 100g
レモン（スライス）································· 1枚
ライム（スライス）································· 1枚
キーライム ··· 1個

COLD

1. 茶器にウーロン茶葉とキャラウェイ、カルダ
   モン、コリアンダー、ジャバラピール、お湯
   を入れて葉が開くまで蒸らす。
2. グラスに氷（分量外）と**1**を入れ混ぜ合わせ、
   氷（分量外）をさらに足し、レモンとライム、
   半分にカットしたキーライムを絞って入れる。

☑ Restaurant ☑ Cafe ☐ Izakaya ☑ Bar

by Katakura

食中 単体 ALCOHOLIC

カンパリ
シトラスウーロン

ウーロン茶に柑橘の苦味と、ハーブの香りがする
カンパリを組み合わせる。

材料（ドリンク1杯分）
カンパリ ·· 40g
烏龍茶葉 ·· 4g
お湯（熱湯）·· 100g
氷 ·· 100g
キーライム ··· 1個

COLD

1. 茶器にウーロン茶葉とお湯を入れて、葉が
   開くまで蒸らす。
2. グラスに氷と**1**を入れて混ぜ合わせ、氷
   （分量外）をさらに足し、カンパリを注ぐ。半
   分にカットしたキーライムを絞って入れる。

BASE
ALCOHOLIC
カンパリ

食後　単体　**NON-ALCOHOLIC**

Butter MATCHA

バターコーヒーを抹茶にツイストした
健康的なドリンク。

by Fujioka

材料（ドリンク1杯分）

抹茶	4g
お湯	120g
グラスフェッドバター	6g
MCTオイル	3g

COLD

1. ピッチャーに抹茶とお湯を順に注ぎ、ミルクフローサーでよく混ぜ合わせる。
2. 泡立ったところでグラスフェッドバターと、MCTオイルを加えてさらにフローサーでよく混ぜる。
3. 茶こしを使い、カップに注ぐ。

☐ Restaurant　☑ Cafe　☐ Izakaya　☐ Bar

食後　単体　**ALCOHOLIC**

ココナッツ抹茶ラム

バター抹茶にココナッツの甘い香りをプラス！
バターとココナッツの甘い香りに
抹茶の渋みが絶妙なバランス。

by Fujioka

材料（ドリンク1杯分）

抹茶	4g
お湯	100g
グラスフェッドバター	6g
MCTオイル	3g
ココカヌー	15g

HOT

1. ピッチャーに抹茶とお湯を順に注ぎ、ミルクフローサーでよく混ぜ合わせる。
2. 泡だったところでグラスフェッドバターとMCTオイル、ココカヌーを加えてさらにフローサーでよく混ぜる。
3. カップに注ぐ。

BASE
ALCOHOLIC
ココナッツ
リキュール

スタンダードなノンアルコールドリンクをアルコールで

Part 5

by Fujioka

単体 **NON-ALCOHOLIC**

プラントミルクセーキ

牛乳をピスタチオミルクに
卵をアボガドに変換して、植物性だけで作る
プラントミルクセーキの完成。

材料（ドリンク1杯分）

抹茶	3g
きび砂糖	20g
オリーブオイル	10g
アボガド	1/2 個
ピスタチオミルク	100g
コリアンダーパウダー	少々

COLD

1. 抹茶ときび砂糖、オリーブオイル、アボガド、ピスタチオミルクをブレンダーにかける。
2. カップに移し入れて、コリアンダーを少量ふる。

---

by Fujioka

BASE
ALCOHOLIC
ブランデー

単体 **ALCOHOLIC**

大人のミルクセーキ

抹茶とアボガド、ピスタチオを合わせて
大人のための濃厚なシェイク風カクテルに。

材料（ドリンク1杯分）

ブランデー	20g
抹茶	3g
きび砂糖	15g
オリーブオイル	7g
アボガド	1/2 個
ピスタチオミルク	100g
コリアンダーパウダー	少々
粉糖	適量

COLD

1. ブランデーと抹茶、きび砂糖、オリーブオイル、アボガド、ピスタチオミルクをブレンダーにかける。
2. カップに移し入れ、コリアンダーと粉糖を少量ふる。

単体 NON-ALCOHOLIC

プランテーション
アイスティー

トロピカルなパイナップルの香りがするアイスティーはハワイの定番ドリンク。

MATERIAL

材料（パイナップルソース）
パイナップルピューレ ……………… 200g
グラニュー糖 ……………………… 100g
レモンピューレ ……………………… 10g

1. 鍋にパイナップルソースとグラニュー糖、レモンピューレ5gを入れて中火にかけ、グラニュー糖が溶けるまで煮溶かす。
2. **1**のグラニュー糖が溶けたら氷水にあてて冷やし、残りのレモンピューレ5gを入れて混ぜる。

材料（ドリンク1杯分）
パイナップルソース（**MATERIAL**）……… 70g
アールグレイティー（リキッド）……………… 180ml

COLD
1. グラスに氷（分量外）とパイナップルソース、アールグレイティーを注ぐ。

単体 ALCOHOLIC

プランテーション
ラムアイスティー

パイナップルの香りと相性の良いダークラムを加えたトロピカルカクテル。

スタンダードなノンアルコールドリンクをアルコールで

材料（ドリンク1杯分）
パイナップルソース（**MATERIAL**）……… 20ml
アールグレイティー（リキッド）……………… 80ml
ダークラム ………………………………… 30ml

COLD
1. シェーカーにパイナップルソースとアールグレイティー、氷（分量外）を入れハードにシェークし、グラスに注ぐ。
1. ダークラムを静かに注ぐ。

BASE
ALCOHOLIC
ラム

Part 5

Shop List

本書で使用している材料と、機材の会社を紹介します。
作りたいドリンクに合った品を手に入れましょう。

材料

[増粘剤・ゲル化剤]
伊那食品工業株式会社
TEL：0265-78-1121
HP：http://www.kantenpp.co.jp/

[スパイス]
エスビー食品株式会社
TEL：0120-120-671
HP：https://www.sbfoods.co.jp/

[ワイン]
株式会社井筒ワイン
〒399-6461
長野県塩尻市大字宗賀桔梗ヶ原1298-187
TEL：0263-52-0174
FAX：0263-52-7910
HP：http://www.izutsuwine.co.jp/
問い合わせ先：https://shop.izutsuwine.co.jp/inquiry

[ブドウジュース]
株式会社尾賀亀
海外事業部
HP：https://www.kaigai-ogacame.com/maison-goubet
TEL：0748-36-3761
MAIL：info-ogacame@mantan.co.jp

[青果・メキシコ食材]
株式会社カサナチュラル
https://casanatural.co.jp/
〒116-0002
東京都荒川区荒川3-64-3

[米麹・発酵食品]
株式会社コラゾン
〒162-0825
東京都新宿区神楽坂1-12-6-2F
TEL：03-5579-2328
HP：https://koujiamasake.jp/

[金箔]
株式会社 箔一
金沢本社
〒921-8061
石川県金沢市森戸2丁目1番地1
TEL：076-240-0891
東京営業所（銀座ショールーム）
〒104-0061
東京都中央区銀座4-12-19日章興産ビル5F
TEL：03-3541-0891
HP：https://www.hakuichi.co.jp/

[ウィスキー・ブランデー・ラム・ワイン]
株式会社ジャパンインポートシステム
〒103-0021
東京都中央区日本橋本石町4-6-7
TEL：03-3516-0311
HP：https://www.jisys.co.jp/

[ペースト・パウダー]
株式会社ナリヅカコーポレーション
〒105-0011
東京都港区芝公園1-3-10ハリファックス芝ビル5F
TEL：03-3445-5131
FAX：03-6402-3321
HP：www.narizuka.co.jp

[和素材]
秀和産業株式会社
〒279-0024
千葉県浦安市港76-17
TEL：047-354-2311
HP：https://shuuwa.co.jp

[ピューレ]
タカ食品工業株式会社
〒835-0023
福岡県みやま市瀬高町小川1189-1
TEL：0944-62-2161（代）
HP：https://www.takafoods.co.jp/

[日本茶]
茶通仙　多田製茶
〒573-0163
大阪府枚方市長尾元町1-40-1
TEL：072-857-6056
HP：https://www.tsusen.net

[うめ果汁]
中野BC株式会社
〒642-0034
和歌山県海南市藤白758-45
TEL：073-482-1234
FAX：073-482-2244
HP：https://www.nakano-group.co.jp

[ラム・ウォッカ・ジン・ワイン]
ペルノ・リカール・ジャパン株式会社
HP：https://www.pernod-ricard-japan.com/
TEL：03-5802-2756（お客様相談室）

[日本酒]
米澤酒造株式会社
HP：https://imanisiki.co.jp/index.php
TEL：0265-88-3012
FAX：0265-88-3013

[リキュール・スピリッツ]
CAMPARI JAPAN株式会社
〒107-0062
東京都港区南青山1-1-1
新青山ビル西館6階
TEL：03-5856-5815

機械

[ミキサー]
株式会社アントレックス（Vitamix）
〒160-0022
東京都新宿区新宿2-19-1 BYGS 7F
HP：www.vita-mix.jp"

[炭酸飲料メーカー]
株式会社シナジートレーディング
TEL：0800-888-4449（フリーコール）
HP：https://www.drinkmate.jp/

グラス

株式会社カサラゴ
〒171-0022
東京都豊島区南池袋2-29-10　7F
TEL：03-3987-3302
MAIL：info@casalago.jp
HP：www.casalago.jp

東洋佐々木ガラス株式会社
TEL：0570-006-260（ナビダイヤル）
HP：https://www.toyo.sasaki.co.jp/

ボダムジャパン株式会社
〒150-0001
東京都渋谷区神宮前3-25-12-4F
TEL：03-5775-0681
HP：https://www.bodum.com/jp/ja/

HARIO株式会社
東京都中央区日本橋富沢町9-3
TEL：0120-398-207
HP：https://www.hario.com

『香飲家』Kouinkaは香飲（Scented beverage）を世界に広げるべく活動しているユニットです。

香飲とは思い出をつくるドリンク。五感の中でも香りは1番記憶に残り、記憶とともに感情も呼び起こす感覚と言われています。美味しい食事やスイーツは会話を弾ませ、空間と楽しいひとときは記憶に刻まれます。最適なペアリングドリンクは、提供する際に季節に合わせた素材のチョイス、液量、温度、濃度の調整を行う事でゲストを自然に楽しませる事が出来ます。その上でメインである食事に香りの余韻を繋げる事で印象的なドリンクになり、思い出となる。『香飲家』はそんなコーディネートを実現させる唯一無二のスペシャリストとして、様々なシチュエーションに適した香飲をご提案から提供、更に教育まで行っています。シチュエーションに最適なドリンクをお探しの方のご依頼をお待ちしております。
※『香飲』は香りを楽しむをテーマに作り出すノンアルコールドリンクです。モクテル（カクテルを真似たドリンク）とは異なります。
Instagram:@kouinka_softdrinksartist

《Works》
■ 商品開発：レストラン、パティスリー、居酒屋等飲食店の食事やスイーツに合わせたドリンク・ペアリングメニューの開発。東京老舗和菓子店のドリンク商品開発、京都宇治の老舗お茶屋のドリンク商品開発 ほか
■ プロデュース：ドリンク専門店、軽飲食店等店舗のプロデュース多数
■ 監修：ラグジュアリーホテル、リゾートホテルのドリンクメニュー、大手スーパープライベートブランドドリンク監修など多数
■ イベント：日本のトップパティシエとのスイーツとノンアルコールドリンクのペアリングイベント ほか
■ テーマにあわせたドリンクの開発及びケータリング：ファッションショー、展示会、国際カンファレンス、大手銀行主催VIPパーティー等多数
■ さまざまな食材のドリンクマスターとしてのプロモーション（中国全土、香港、マカオ等海外含む）
■ 他、コンサルタント、メニュー開発、飲食店の経営立て直し、カタログ制作や卸先のお客様に向けたドリンク開発など
■ 株式会社スーパースイーツとのアライアンス契約
（https://www.super-sweets.co.jp/）
■ 教育：世界各国の飲食系専門学校でのドリンク講義
■ 著書：『飲食店のためのドリンクの教科書 料理やスイーツに合わせて作るソフトドリンクの基礎と応用』（香飲家著／メイツ出版／台湾翻訳版あり）『飲食店のためのドリンクの教科書 カスタマイズ・バイブル 客層や季節に合わせて作るソフトドリンクの技術と理論』（香飲家著／メイツ出版／台湾翻訳版あり）他多数出版
■ メディア出演：NHK『あさイチ』等出演多数

[Staff]
写真　　　北原千恵美
デザイン　近藤みどり
編集　　　坂口柚季野（フィグインク）

飲食店のためのドリンクの教科書
お酒を「飲む人」「飲まない人」がともに楽しめる
ボーダレスなメニューづくりの理論とレシピ

2024年4月30日　　　第1版・第1刷発行

著　者　片倉康博（かたくらやすひろ）・田中美奈子（たなかみなこ）・
　　　　藤岡響（ふじおかひびき）
発行者　株式会社メイツユニバーサルコンテンツ
　　　　代表者　大羽孝志
　　　　〒102-0093東京都千代田区平河町一丁目1-8
印　刷　シナノ印刷株式会社

ご意見・ご感想はホームページから承っております
ウェブサイト　https://www.mates-publishing.co.jp/

企画担当：清岡香奈